KB069661

학부모와 함께 풀어 가는

학교폭력

교사 - 학부모 협력 방법

Walter B. Roberts 저
손진희 역

Working With Parents
of Bullies and Victims

학지사

Working With Parents of Bullies and Victims

by Walter B. Roberts

Korean translation copyright © **2015** by Hakjisa Publisher, Inc.
The Korean translation rights published by arrangement with
Corwin Press, Inc., SAGE Publications company.

Copyright © 2008 by Corwin Press
Authorized translation from English language edition published
by Corwin Press, Inc., SAGE Publications company in
the United States, London and New Delhi.

All rights reserved.

역자 서문

　국내외적으로 사회구성원에게 상처와 충격을 주는 사건이 자주 일어나고 있다. 그리고 그 사건의 중심에는 심리적·물리적 폭력이 있다. 최근 우리나라 군대에서 발생한 총기 난사 사건, 폭력 사망 사건 등과 미국의 학교 총기 난사 사건이 그러하다. 이런 현상을 어떻게 해결해야 하는지를 생각해 보면 상담전문가이기 이전에 부모로서 갑갑하고 우려스럽기 그지없다.

　이 책의 번역 작업은 우리 사회의 폭력을 해결하기 위해서는 삶에 대한 태도를 배우는 학교에서의 폭력이 먼저 해결되어야 한다는 신념을 가지고 시작한 일이었다. 하지만 번역 작업이 모두 끝난 시점까지도 지속되는 충격적인 폭력 사건의 연속 속에서 이 책이 과연 학교폭력의 해결에 어떠한 기여를 할 수 있을지에 대한 고민이 깊었다. 그럼에도 모든 폭력은 어린 시절의 다양한 폭력의 연장선에 있으므로 학교폭력의 해결이 먼저라는 역자의 기본 방향이 옳다는 믿음으로 이 책을 세상에 내보낸다.

　"학교폭력을 당하는 아이들의 고통은 그들의 마음과 영혼에 쉽게 치유되지 않는 영원한 상처를 남긴다. 뼛속까지 스미는 고통인 것이다. ……학교폭력으로 인한 자살은 자신을 죽임으로써만 그들의 고통에서 탈출할 수 있는 자살을 일컫는 용어다."(본문 중에서)

역자는 오랫동안 교사와 함께 공부하고, 그들을 가르치는 일을 해 오고 있다. 그러면서 교사의 여러 가지 고충도 듣게 되는데, 가장 자주 듣는 이야기 중 하나가 바로 학부모와 협력해서 아이들의 문제를 해결하는 일이다. 교사는 학부모가 협력의 대상이라기보다는 기피의 대상이 된 현실에서 온 자괴감을 호소하고 있었다. 학부모 역시 아이를 맡고 있는 교사에 대한 믿음을 잃어버렸다는 말을 자주 한다. 교사와 학부모가 서로에게 가지는 불신의 골은 매우 깊었다. 이는 교사와 학부모 모두에게 불행한 일이 아닐 수 없고, 특히 그 피해가 학생에게 전가된다는 점에서 볼 때 교사와 학부모의 관계 개선, 나아가 협력은 꼭 필요하다.

도대체 교사와 학부모 사이에 무슨 일이 벌어지고 있는 것일까? 평소에 이와 같은 고민을 하던 중 미국 워싱턴 대학교에 교환 교수로 가서 미국의 학교 현황을 살펴보게 되었다. 이들의 학교 시스템을 가까이에서 관찰해 보고 현지인과 토론을 하면서 미국의 교사는 학부모와 매우 밀접한 협력을 하고 있다는 점을 알게 되었다. 미국의 교사는 학교에 학부모를 초청하고 그들과 소통하는 것을 매우 중요하게 여기며 이에 대한 많은 방법을 가지고 있었다. 그러던 중 교사와 학부모의 협력 관계에 대한 노하우를 다루는 이 책을 발견하게 되어 여간 반갑지 않았다. 우리나라 학교 시스템, 제도와 차이가 있는 미국의 실정이 우리에게 어떻게 유용할까에 대한 고민을 하기도 했지만 심각한 총기 난사 사건의 상처를 안고 있으며 그 치유와 예방에 노력을 기울이는 고민을 통해 나온 책이라는 점에서 우리에게 도움이 될 것이라고 판단하였다.

폭력으로 인한 상처가 치유되지 못한 아이들은 자신을 해치거나 또 다른 희생양을 만드는 방식으로 자신의 상처를 다루려고 한다. 이는 폭력과 관계된 수많은 사례에서 공통적으로 확인된 것으로 교사와 학부모는 이러한 폭력의 메커니즘을 알 필요가 있다.

이 책은 학교폭력이 발생했을 때 교사가 학부모와 협력하여 문제를 해결하는 노하우를 담고 있다. 학교폭력은 교사만의 노력으로는 해결이 어렵고 학부모의 협력이 있어야만 그것을 멈추고 치유할 수 있다는 것이다. 특히 소통하기 어려운 학부모의 유형을 기술하고, 이들과 어떻게 대화해 나가는지를 예를 통해 상세히 보여 주고 있다. 또한 학교폭력의 가해 자녀뿐만 아니라 피해 자녀를 둔 학부모가 자녀를 효율적으로 지도하는 다양한 원칙을 제시하고 있다. 학교폭력이 발생했을 때 기본적으로 숙지해야 하는 지침과 구체적인 대화 진행 방법을 몰라서 어려움을 겪는 교사에게 좋은 안내서가 될 것이다. 이 책이 교사에게 학교폭력 문제를 피하지 않고 대면하여 다룰 수 있는 용기를 주기를 희망한다.

이 책을 번역하는 데에는 남편의 도움이 컸다. 어려운 문구를 번역하면서 같이 토론하고, 학교폭력 사례에 대해 의견을 나누면서 문맥의 의미를 파악하는 데 많은 도움을 받았다. 또한 미국에 직접 전화를 걸어 출판에 대한 논의를 해 주시고, 출판을 허락해 주신 김진환 사장님께 감사를 드린다. 그리고 무엇보다 꼼꼼하게 교정을 봐 주어 의미가 훨씬 잘 드러나도록 해 준 편집부 선생님 들께 감사를 드린다.

2015년 4월

역자 손진희

저자 서문

이 책은 나의 이전 책인『학교폭력과 관련된 양측: 가해자 및 피
해자와 함께하는 전략적 개입(*Bullying From Both Sides: Strategic
Interventions for Working With Bullies and Victims*)』(Corwin
Press, 2006)의 자매편이다. 이 책은 해결하기 어려운 주제인 학교
폭력에 대해 교사가 학부모와 의논하는 기술을 좀 더 확장한 내용
으로 교사의 작업에 도움이 되고자 한다. 또한 이 책은 학교폭력
문제를 해결하는 데 작용하는 학부모와 교사의 연계에 초점을 맞
추고 있다.

종종 교사는 여러 가지 이유를 대며 문제를 함께 해결하려고 하
지 않는 학부모를 만난다. 학부모는 자신의 자녀를 위해 무엇이 가
능하고, 가능하지 않은지에 대한 비현실적인 기대를 가지고 있을
수 있다. 학부모는 종종 너무 피곤하여 아이의 숙제를 돕지 못하고,
아이의 친구 문제에 귀 기울이지 못하며, 기술 혁신에 따라 빠르게
변화하는 아이의 세계를 따라가지 못한다. 현실적으로 볼 때 일부
학부모는 아이를 돕는 데 의미 있는 노력을 기울이기 어렵다.

반대로 학부모는 교사가 학생의 공부에만 신경을 쓰고, 규칙에

만 매달려 막상 그 규칙을 지켜야 하는 아이들에 대해서는 관심이 없으며, 어떤 문제가 발생하면 그 문제를 풀기 위한 실질적인 방안은 내놓지 못한 채 먼저 학부모부터 소환한다고 생각한다.

분명히 학부모와 교사 사이에는 의사소통이 잘되지 않는다는 문제가 있다. 이러한 상호 의사소통 결핍의 문제는 종종 문화적 · 사회경제적 장벽에 의해 더 큰 문제로 확대된다. 문화적 · 사회경제적 장벽은 생활 방식, 희망, 동기에 대한 상호 간의 충분한 이해가 부족하기 때문에 발생하는데, 이는 학부모와 교사를 서로 불편하게 하고, 아이를 돕기 위한 상호 목표에서조차 서로를 믿지 못하게 만든다.

가정과 학교 사이에서 논의되는 가장 어려운 문제 중 하나는 또래 간에 일어나는 힘의 남용이다. 우리가 그것을 학교폭력, 놀리기, 귀찮게 하기, 협박하기, 골리기 등 무엇이라 부르든지 간에 그 문제와 관련하여 교사와 학부모의 건전한 의사소통을 막는 주요한 장애가 실재하며, 최근까지 학교와 학부모는 그 문제에 대해 눈감아 왔다. 이러한 문제를 해결하기 위해 교사와 학부모의 협력이 필요하게 되었을 때, 양편은 닳고 닳은 '지혜'나 '무시하면 없어지겠지.' 등 이외에 어떤 적절한 도구도 가지고 있지 못하였다.

학교폭력을 해결하는 최선의 전략은 학부모와 교사의 연계다.

이 책은 학교폭력의 주제에서 교사와 학부모 사이에 의사소통의 다리를 놓기 위한 교사-학부모 연계의 도구상자에 좀 더 많은 도구를 제공하고자 한다. 교사는 더 이상 공격적인 행동에 대한 해결이 훈육뿐이라고 이야기할 수 없다. 학부모는 학교폭력 문제를 해결할 때 그들의 역할이 없거나 도움이 되지 않는다는 생각을 버려야 한다. 어른의 감독 증가와 학교의 지도가 함께 이루어질 때 아이들이 그들의 인생에서 가장 어려운 시기를 극복하도록 도울 수 있다.

차 례

🌲 제9장
학부모가 학교폭력을 당하는 자녀와 대화하도록 돕는 7가지 방법   211

🌲 제10장
학교폭력 문제 해결에서 학부모와 교육자가 가지는 정당한 기대   241

🌲 **제11장**
행동하기 위한 용기　　　　　　　　　　265

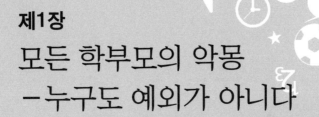

제1장

모든 학부모의 악몽
–누구도 예외가 아니다

이 책으로 도움을 받을 수 있는 사람들

학교폭력 문제를 경시할 때 발생하는 비싼 대가

교육자는 문제 해결 파트너인 학부모를 어떻게 경시하고 있는가

이 책을 학부모와 활용하는 방법

제1장 모든 학부모의 악몽
─누구도 예외가 아니다

모든 학부모가 가지고 있는 악몽 중 하나는 자녀가 문제에 부딪혔는데 정작 부모는 이에 대해 어떻게 해야 하는지를 모르는 경우다. 많은 학부모의 악몽에서 나타나는 딜레마는 자녀가 부모에게 학교폭력을 당하고 있다고 이야기할 때 부모가 느끼는 무력감이다. 학부모가 자녀와 동반해서 그들을 24시간 내내 지도하며 보호할 수는 없다. 설령 잠시 동안은 그렇게 할 수 있다고 해도 종국에는 불가능하게 된다. 아이들은 자신의 친구와 성공적으로 상호작용하는 방법뿐만 아니라 자신이 어려움을 느끼는 친구와도 상호작용하는 방법을 배워야 한다. 그러나 아이들은 자신이 어려워하는 친구와의 문제를 풀 수 있는 자원이 없다고 느낄 때는 어른의 도움을 필요로 한다.

학부모는 아이가 학교폭력을 당할 때 어떻게 해야 하는지에 대한 조언과 상담을 구하기 위해서 교사를 찾을 때 종종 좌절감을 맛본다. 바로 수년간 제공되어 온 하나의 조언 때문인데, 그 조언은 아이가 받은 것을 그대로 되돌려 주라는 것이다. 이는 학부모의 선대에서부터 대물림되어서 전해 내려오는 충고일 것이다. 물론 우리는 이러한 간단한 조언이 효과적이지 않다는 것을 알고 있다. 당한 대로 갚아 주는 것은 일시적인 해결일 뿐이며, 장래에 학교폭력 가해자들이 재결집하게 되는 문제를 유발한다. 가해자는 도전적인 상황에서 더 깊은 도박의 수렁에 빠지는 경향이 있다. 가해자는 어떠한 상호작용 상황, 특히 자신이나 자신과 어울리는 친구들이 호전적인 행동을 하지 못하도록 하는 공적인 상황에 직면할 때 학교폭력 피해자에게 아무 말도 하지 못하게 한다. 가해자와 맞닥뜨리게 되는 것보다 피해자에게 더 좋지 않은 것 중 하나는 학교폭력이 일어나는 상황에 당혹스러워하는 일단의 군중에 둘러싸이게 되는 것이다.

학부모와 교사는 아이들의 첫 번째 준칙을 기억해야만 한다. 그것은 바로 아이들은 가장 최악의 상황일 때만 어른을 찾는다는 것이다. 이 준칙은 아이들이 청소년기가 되면 더욱 엄격하게 적용된다. 최악의 상황은 전염병, 화재, 개구리가 비처럼 하늘에서 떨어지는 일과 같은 것이다. 교사는 아이들의 이러한 의식 수준을 고려해서 자신의 첫 번째 준칙을 정해야만 한다. 그 준칙은 학생이 어떠한 문제 때문에 찾아오면 그것이 정말 문제임을 인식해서 주의를 기울여야 한다는 것이다. 이러한 교사의 첫 번째 준칙은 학교폭력과 관련하여 학부모를 대할 때의 첫 번째 준칙으로 종합될 수 있다. 그것은 바로 교사가 학교폭력 문제를 다룰 때 학부모가 아무리 교사를 화나게 해도 학부모와 협력하기 위해 가능한 모든 노력을 기울일 것을 약속한다는 것이다.

이 책으로 도움을 받을 수 있는 사람들

이 책은 교사가 2가지의 목표를 달성하는 것을 돕기 위해 쓰였다. 첫째 목표는 다양한 교사(학교 교사, 행정가, 학교 상담자, 준전문가, 케어 제공자)가 학교폭력이라는 어려운 문제에 관해 학부모와 대화하도록 돕는 것이다. 둘째 목표는 학부모가 집에서 학교폭력 문제를 해결할 수 있도록 교사가 도움을 주는 것에 대한 지침을 제공하는 것이다. 나는 때때로 이 책에서 '우리' 그리고 '우리에게'라는 용어를 사용하였다. 그것은 내가 아직 교사이기 때문이다. 나의 30년간의 교육 편력을 보면 나는 고등학교 교사에서 학교 상담자로 옮겨 갔고, 전문 상담자 면허를 취득하였으며, 이제는 교수로서 고등교육에 종사하고 있지만 아직도 내 마음과 영혼은 교육 실천가(practitioner)에 머물러 있다. 나는 고등교육에 종사하는 우리가 종종 우리의 일에서 무엇이 중요한가에 대한 통찰을 잃어버린다고 생각한다. 즉, 궁극적으로 지식을 적용해서 사용하는 사람들에게 우리가 주는 지식의 실용성과 유용성을 잊어버리는 것이다. 나는 교사나 부모, 학생, 그리고 사회 전체 등과 관계되는 모든 사람의 삶이 더 나아지게 하는 정보를 이 책에서 발견할 것을 바란다.

학교폭력은 그저 직접 당하는 사람이나 모든 사람에게 보내지는 중상모략적인 비방의 문제가 아니다. 학교폭력은 교사의 문제이기도 하다. 학교폭력은 아이의 학습 능력을 훼손시켜 성적을 떨어뜨리는데, 일부 사람은 이를 교사의 잘못이라고 결론 내린다. 교사와 학교 관리자에게 학교폭력은 의무를 게을리하였다고 소송을 당하는 결과를 가져올 수 있다(Dawson, 2006; National School Boards Association, 2005; Rispoli, 2006; Schultz, 2004). 학교폭력은 아이를 등교시킬 때 학부모에게 아이의 건강과 안전에 대한 극도의 걱정을 유발한다. 아이가 학교폭력을 당하면 부모 간에 불화가 생기기도 하는데, 한쪽 부모는 그것을 무시하는 것이 최선이라고 믿고, 한쪽 부모는 '무엇인가' 조치를 취하는 것(학교와 접촉하는 것)이 온당하다고 믿기 때문이다.

학교폭력은 아이들이 경험하는 여타 형태의 겁박과 함께 우리 모두의 문제다. 비록 학교폭력이 완전히 방지되거나 종식될 수는 없지만 성인이 개입할수록 혹은 아이들 스스로 해결책을 찾을 수 있도록 하는 교과과정의 전략적 실행에 의해 발생 건수가 줄어들 수는 있다. 결국 교육의 궁극적인 목적은 학생에게 학생 자신의 판단에 의해 건전한 결정을 내리는 데 필요한 수단과 정보를 제공하는 것이라고 말할 수 있다.

학교폭력 문제를 경시할 때 발생하는 비싼 대가

교사는 학교폭력 해결 과정의 핵심적 당사자로서 자신의 역할을 수용해야만 한다. 지도 감독의 위치에 있는 어른들은 가해자-피해자 양자 관계에 개입하지 않는 것에 대해 너무 오랫동안 변명을

해 왔다. 학교폭력과 관련된 이슈를 다루려는 시도가 미약하다는
것은 논쟁의 여지가 없는 사실이다. 아이들이 수년 동안 겪어 온
학교폭력에 대한 절규로서 자신이나 누군가를 죽이기 시작하자
어른들은 학교 내에서의 협박이 정말 문제라는 것을 마지못해 인
정하였다.

　가해자에 대한 피해자의 폭력적 분출의 예로 컬럼바인 학교 총
기 난사 사건과 2007년 버지니아 공대 총기 난사 사건이 있었고,
우리는 그 문제가 계속 상존하고 있음을 알고 있다. 학교폭력의
영향에 대한 최근의 사례를 살펴보자.

- 2005년 통가녹시, 캔자스(Tonganoxie, Kansas): 연방 판사가 수
  년 동안 학교에서 성적 괴롭힘을 당한 남학생에게 205,000달
  러를 배상하라고 판결하였다. 학교 관리자에게 그가 학교 내
  에서 악행이 진행되는 것을 인지하였음에도 학생 편에서 개
  입하지 않은 것에 대한 책임을 물었다.[1]

- 2005년 콜로라도 스프링스(Colorado Springs): 3명의 여고생
  이 웹사이트에 다른 두 여고생을 비방하는 글을 올려 정학 조
  치를 받았다. 70명 이상의 학생이 그 학교의 웹사이트에 접속
  하였다. 한 게시물에는 '만일 그들이 내 친구의 마음을 다치
  게 하면 나는 그들의 목을 부러뜨릴 것이다.'라는 내용이 적
  혀 있었다.[2]

• 2006년 스와니 카운티, 플로리다(Suwannee County, Florida): 3명의 2학년 남학생에 의해 2명의 2학년 여학생이 정글짐에 묶여 있게 되었다. 두 여학생 중 한 아이의 할아버지가 총을 들고 학교에 찾아와 자기 방식대로 문제를 처리하겠다며 위협을 하였다. 이 위협은 학교 전 지역을 출입 봉쇄 지역으로 만들었다.[3]

• 2006년 워로드, 미네소타(Warroad, Minnesota): 학교폭력으로 협박당하던 학생들이 인터넷에서 모여 채팅을 하다가 학교에서 총을 쏘겠다는 위협으로까지 고조되었다. 학교 관리자는 그 위협을 조사하였고, 공격의 가능성이 있는 6명의 학생이 정학 처리될 때까지 학교 수업을 전면 취소하였다.[4]

• 2006년 뉴욕 시(New York City): 한 버스 운전사가 그의 버스 안에서 11~12세쯤 되는 학생들이 다른 학생들을 괴롭히도록 조장하였다고 기소되었다. 그는 자신이 고안한 12단계 등위 시스템을 적용하고자 하였다. 이 등위 시스템은 '자비를 참을 수 없다.'는 훈계와 함께 강제되었다.[5]

• 2006년 그린 베이, 위스콘신(Green Bay, Wisconsin): 17~18세의 고등학생 3명이 학교에서 컬럼바인 사건과 같은 식의 총기 난사를 시도하려다 체포되었다. 그들은 수년 동안 이것을 준비하였는데, 그 동기는 체중과 특별한 교육 지위에서 기인

한 학교폭력과 학대였다.[6]

• 2006년 카제노비아, 위스콘신(Cazenovia, Wisconsin): 시골 학교에서 한 15세 학생이 총을 쏴서 교장을 살해하였다. 그 교장은 그에게 불법적 담배 유용을 이유로 정학 처분을 내렸었다. 그 학생은 급우들이 자신을 '게이'라고 놀려 매우 화가 나 있었고, 아무도 그의 이야기를 들어 주지 않았다고 하였다.[7]

• 2006년 노스 폴, 알래스카(North Pole, Alaska): 6명의 7학년 학생이 그들을 괴롭혀 왔던 급우들의 명단을 만들어 죽이려고 기도하였다. 그 계획은 몇 달에 걸쳐 학교에서 이루어졌다.[8]

• 2006년 리버턴, 캔자스(Riverton, Kansas): 5명의 남자 고등학생이 컬럼바인 총기 난사 사건 7주년을 기념하여 학교를 공격하려다 시행하기 몇 시간 전에 체포되었다. 그중 1명은 자신들의 계획이 Myspace.com 사이트에서 채팅 중에 기획되었음을 밝혔다. 목표 대상에는 그 공모자들을 괴롭히고 욕설을 했던 사람들이 포함되어 있었다.[9]

• 2006년 조플린, 미주리(Joplin, Missouri): 한 7학년 학생이 교장과 대면한 뒤에 학교 천장에 총을 발사하였다. 그 학생의 엄마는 아들이 다른 학생들에게 자주 상처를 입은 채 귀가했다고 말하였다. "아이가 울면서 집에 오곤 했는데, 저에게

'제발 학교에 가라고 하지 마세요.'라고 애원했어요."라고 그 학생의 엄마가 말하였다.[10]

확실히 우리에게는 할 일이 많이 있다.

교육자는 문제 해결 파트너인 학부모를 어떻게 경시하고 있는가

학생을 보호하고 학교폭력을 방지하기 위해 해야만 하는 일의 성공 여부는 그동안 상당한 정도로 간과되어 온 중요한 문제 해결 고리인 학부모를 개입시키는 것에 달려 있다. 하지만 불행하게도 대부분의 학부모는 그들이 어떻게 그러한 문제 해결 고리가 될 수 있는가에 대해 익숙하지 않다. 솔직하게 이야기하면 교사는 종종 교육 영역에 학부모를 끌어들이는 것을 달가워하지 않는다. 교사는 때로 무슨 일이든지 학부모를 문제의 일부라고 판단한다. 학부모의 참여는 과잉 행동, 과잉 정서, 편향 등으로 간주한다. 학부모는 때로 눈가리개를 하고 있어서 아이에게 문제가 생겼을 때 주변 정황을 보지 못한다고 여긴다. 혹은 학부모를 하소연자, 불평자, 종국에는 자신의 아이를 위해 무엇이 최선인지도 모르는 사람으로 간주한다. 우리는 무엇이 최선인지를 항상 아는 교육자다. 우리는 교사다. 그렇지 않은가?

반대로 학부모는 교사에 대한 오해를 가지고 있다. 종종 학부모

의 불평은 교사의 오해와 마찬가지로 제한된 틀 내에서 빙빙 돈
다. 학부모는 때로 교사가 오만하고, 아이들과 학부모의 이야기
를 귀담아듣지 않는다고 간주한다. 교사는 오직 학생의 시험 성적
에만 관심이 있으며, 아이들을 총체적인 인격체로 대접하지 않는
다고 여긴다. 어떤 학부모는 자신의 아이에게 문제가 있을 때만
학교에서 불렀다는 것을 기억한다.

아마도 양쪽의 의견이 모두 조금씩은 맞을 것이다.

학부모와 교사는 빈약한 협력의 역사를 가지고 있다. 양자 사이
의 불편함은 종종 문제 해결의 시작 단계에서 필요한 협력과 회합
을 붕괴시킨다.

우리 모두―교사와 학부모―는 정말로 아끼는 아이들의 문제를
해결하기 위해 상호 노력으로 이러한 불신을 극복하고 넘어서야만
한다. 교사와 학부모는 서로 존중해야 하고, 서로가 각각 다른 퍼즐
조각을 가지고 있음을 인정해야 하며, 기꺼이 우리의 차별과 편견을
바꾸려고 노력해야 한다. 스미스와 마이런-윌슨(Smith & Myron-
Wilson, 1998)이 "학부모가 해결의 일부분으로 개입될 필요가 있다."
(p. 414)라고 말한 것이 실현될 때 학교폭력의 문제가 해결될 것이다.

이 논의의 마무리를 위해 교사가 학부모에 대해 가지고 있는 시
각은 이러저러할 것이라고 교사가 생각하는 잘못된 견해를 바로잡
는 것으로 시작해 보자. 정말이지 학부모가 교사에 대해 믿고 있다
고 교사가 생각하는 많은 것은 사실이 아니다.

미국교육부통계국(U.S. Department of Education's National
Center for Education Statistics: NCES, 2005, 2006)의 2002~2003년

자료에서는 교직원에 대해 학부모가 가지는 태도에 관한 교사의
잘못된 믿음을 통박하고 있다.

- 2003년 조사에서 3~12학년 아이를 둔 부모 중 58%는 아이
  의 학교와 학문적 수준에 대해 '매우 만족'하고 있었고, 59%
  는 아이의 교사에 대해서도 '매우 만족'을 느끼고 있었으며,
  60%는 학교의 질서와 규칙에 대해 최고의 점수를 주었다
  (NCES, 2006, 지표 38, '학교 지표와 상태'). 이러한 비율은 1993년
  과 1999년의 동일 지표와 같거나 더 높다. 실제로 2003년 조
  사에서 3~5학년 아이를 둔 부모의 71.4%는 아이의 교사에
  대해 '매우 만족'을 표시하였다.

이러한 통계 수치는 인형의 머리 위에 '우리 아이의 교사'라는
라벨을 붙이고 바늘을 꽂거나 저주의 주문을 외우는 학부모의 이
미지를 반영하는 것일까? 전혀 그렇지 않다. 앞의 통계는 학부모
의 '대다수'가 교사가 아이들에게 끔찍하게 하고 있다고 생각한다
는 것을 나타내지는 않지만, 40%의 학부모가 교사가 굉장하다고
평가하지 않았음을 나타낸다. 그렇지만 학부모의 선택지가 '매우
만족' 이외에 '엉망임.' '비참함.' '희망 없음.'만 있었던 것은 아니
다. 오히려 다른 선택 범주에는 '다소 만족' '다소 불만족' '매우
불만족'(NCES, 2006, 지표 38, '학교 지표와 상태')이 있었다. 그렇
다면 얼마나 많은 학부모가 교사를 저주하는 범주에 속하는 것일까?
우리의 견해와는 많이 다르지 않다.

- 2003년 조사에서 32.5%의 학부모가 아이의 학교에 대해 '다 소 만족'으로 평가하였으며, 6.7%는 '다소 불만족', 3.2%는 '매우 불만족'으로 평가하였다(NCES, 2006, 〈표 38-1〉, '학교 의 다양한 측면에 대한 3~12학년 아이를 둔 부모의 만족도: 1993, 1999, 2003년').

앞의 통계에서 마지막 두 범주를 합해도 10%를 넘지 않는다. 그 숫자를 잠시 생각해 보자. 교육을 후려치는 모든 이야기와는 반대로, 겨우 10%의 학부모만이 아이의 학교에 대해 만족하고 있 지 않다. 학부모가 교사를 좋아하지 않는다는 생각 때문에 교사가 학부모와 협력하는 것을 주저하도록 유도하는 오해는 종종 학부 모와 함께 일하기 어렵다는 교사들의 입장의 근거가 되지만, 현실 은 그와 정반대다.

이 책을 학부모와 활용하는 방법

교사는 앞에서 살펴본 잘못된 인식의 차이를 극복하는 데 중요 한 역할을 할 수 있으며, 이 책은 교사가 그러한 역할을 하는 것을 돕고 있다. 배경 정보를 덧붙이자면, 각 장에서는 학부모가 학교 에 도움을 요청할 때 이들에게 제시할 수 있는 대화 요점의 리스 트와 방법을 소개하고 있다.

이 책의 아이디어는 2가지의 통념을 불식시키는 데 있다. 첫째는 학교 관리자가 학교 내에서 이루어지는 겁박을 줄이려는 노력을 전혀 하지 않는다는 학부모의 인식이다. 둘째는 학부모가 문제를 해결할 때 전적으로 학교의 지원에 의존한다는 인식이다. 교사와 학교 관리자는 이 책의 제안을 바탕으로 학부모에게 제공하는 인쇄물을 작성할 수 있다. 부가적으로 이 책은 교사가 어떻게 학교 시스템이 학교 내에서 학교폭력 문제를 해결할 수 있는가에 대해 학부모를 이해시키는 데 도움이 되도록 쓰여졌다. 이 책은 교사와 부모가 인식의 수준을 맞추고, 폭력 방지를 위한 교사와 학부모의 협력에서 더 나은 의사소통을 할 수 있도록 작성되었다.

우리가 만들기를 원하는 것은 학교폭력 문제 해결을 위한 교사와 학부모의 파트너십이다. 그러한 동맹은 학부모와 교사 모두가 문제 해결을 위한 해결책을 가지고 있다는 믿음에 근거한다. 그것은 교사와 학부모 양자가 함께 일함으로써 학생의 행위를 개선하고, 학생이 배우도록 돕는 데 필요한 해결책을 찾을 기회를 확대시키는 것을 이해함을 의미한다. 결국 학생들은 우리가 그들을 돕기 위해 어른처럼 행동할 것을 요청하고 있으며, 우리의 문제 해결 방식을 학생들이 학습한다는 것을 이해해야 한다. 학생들은 공동선을 위해 어떠한 차이라도 제쳐 놓을 때 최선의 해결책이 나올 수 있음을 학습해야 한다.

자, 이제 시작하자. 먼저 위협하기의 기본 역동을 검토하고, 몇몇 예증을 통해 학교폭력이 피해자와 사회에 미칠 수 있는 악영향을 상기하는 것이 중요하다.

♥ 주 석

1. Cronkleton, R. (2005, August 12). Taunted teen wins federal suit. *Kansas City* [Missouri] *Star.* Retrieved August 13, 2005, from http://www.kansascity.com

2. Newsome, B. (2005, November 19). Students suspended over website. *Gazette* [Colorado Springs, Colorado]. Retrieved November 19, 2005, from http://www.gazette.com

3. Fultz, V. (2006, February 9). Schools locked down after scare: Officials issue code red alert for entire school system. *Suwanee* [Suwanee County, Florida] *Democrat.* Retrieved December 9, 2006, from http://www.suwanneedemocrat.com

4. Associated Press. (2006, February 6). "Credible threat" closes Warroad schools. WCCO–TV [Minneapolis, Minnesota]. Retrieved December 9, 2006, from http://wcco.com

5. Seaberg, M., & Sclafani, T. (2006, February 3). Meet Jaba the nut: Driver hit for "Star Wars" fight club on school bus. *New York Daily News.* Retrieved December 9, 2006, from http://nydailynews.com

6. Imrite, R. (2006, September 17). Accused teen's mom says he was bullied at school. *Press Gazette* [Green Bay, Wisconsin]. Retrieved December 11, 2006, from http://www.greenbaypressgazette.com

7. Sander, L. (2006, September 30). Wisconsin principal is shot, killed in struggle with teen. [Minneapolis, Minnesota] *Star Tribune*, p. A4.

8. Johnson, K. (2006, April 23). Students had hit list, mayor says. *USA Today.* Retrieved April 24, 2006, from http://www.usatoday.com

9. Kabel, M. (2006, April 21). School death plot revealed. *Kansas City* [Missouri] *Star.* Retrieved April 24, 2006, from http://www.kansascity.

com

10. Pippin, M. (2006, November 17). Middle school bullies and their victims. *Joplin* [Missouri] *Daily*. Retrieved December 9, 2006, from http://joplindaily.com

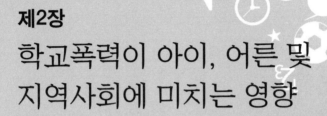

제2장

학교폭력이 아이, 어른 및
지역사회에 미치는 영향

제2장 학교폭력이 아이, 어른 및 지역사회에 미치는 영향

"방망이와 돌은 내 뼈를 부러뜨릴지도 모르지만, 말은 결코 나를 해칠 수 없을 것이다."

이와 같은 아이들의 빈정댐은 노스올(G. F. Northall)의 『네 개 국가의 속어집(Folk Phrases of Four Counties)』(1894)에 첫 번째로 제시되어 있고, 기번스(S. G. Gibbons)의 『미스 린지(Miss Lindsey)』(1936) 미국 편에 첫 번째로 입증되어 있다. 『모리스 단어와 어구 기원 사전(Morris Dictionary of Word and Phrase Origins)』(Morris & Morris, 1977/1988) 역시 이 문장이 『속어집』에서 처음 사용되었음을 언급하고 있다. 『랜덤하우스 민중 속담 및 격언 사전(Random House Dictionary of Popular Proverbs and Sayings)』(Titelman, 1996)에 따르면 속담은 다양한 형태로 발견된다. "방망이와 돌은 내 뼈를 부러뜨릴 수 있지만, 나쁜 말은 나를 해칠 수 없다." "방망이와 돌은 내 뼈를 부러뜨릴 수 있지만, 말은 전혀 나를 해칠 수 없다." 그리고 "방망이와 돌은 내 뼈를 부러뜨릴 것이지만, 거짓말은 결코 나를 해칠 수 없을 것이다."

격언 발견 논의 포럼(2000)에서

『학교폭력과 관련된 양측(*Bullying From Both Sides*)』에서 나는 학교폭력의 정의와 뉘앙스를 구체적으로 검토하였다. 독자들은 그 책의 2장(13~20쪽을 보라)을 참조하면 학교폭력의 정황과 문제를 깊이 있게 이해하는 데 도움이 될 것이다. 중복을 피하기 위해 모든 정보를 되풀이하지는 않겠다. 그러나 기본적인 규칙과 정의를 파악하는 것은 새로운 파트너십을 창출하기 위해 학부모에게 문제를 설명하고 요약하는 데 유용할 것이다.

학교폭력(bullying)과 놀림(teasing)은 종종 동일한 것으로 간주되었다. 다수의 유럽과 북미 학교에서 사용되는 학교폭력 방지 프로그램의 '할아버지'로 알려진 노르웨이의 단 올베우스(Dan Olweus)는 일반적으로 인정되는 학교폭력 행위에 관한 정의를 만들어 내었다. 올베우스(1993)는 학교폭력을 한 사람 혹은 몇몇 사람에게 장기간에 걸쳐 가해지는 반복된 부정적 행위의 노출로 개념화하였다. 그 부정적 행위는 심리적, 육체적, 혹은 그 모두를 겁주기 위해 고안된 것이다. 학교폭력은 놀림이나 조롱보다 더 육체적이고, 전형적으로 소년들과 관련되어 있다. 놀림은 일반적으로 언어적인 것으로 개념화되며, 종종 소녀들이나 어린 연령대에서 잘 나타난다고 가정된다. 그러나 학교폭력과 조롱의 모든 행위는 전형적인 것이기보다는 복잡한 것이다. 그 각각은 겁주는 사람이 피해자에게서 얻는 이익의 형태를 통해 개념화될 수 있다. 학교폭력 행위에서 가해자(aggressor)는 동료 집단에서 지위, 예컨대 피해자에게서 빼앗은 물건처럼 실질적인 어떤 것을 얻기를 기대한다. 학교폭력과 피해자의 관계에는 어떠한 공정함도 없다. 괴롭히는 자는 힘, 숫자, 혹은 심리적 측면에서 우위를 점하고 있다.

학교폭력은 온건한 것에서 심각한 것에 이르기까지 연속선상에서 발생한다. 욕하기, 소문내기, 밀치기 등과 같은 작은 형태의 학교폭력은 약한(mild) 겁주기다. 이러한 행위가 좀 더 빈번하고 거칠어지게 되면 그것은 어느 정도 꽤(moderate) 겁주기로 분류된다. 심각한(severe) 겁주기로 고려되는 학교폭력의 예로는 육체적 공격, 노골적인 비방적 소문, 표적에게 집단적 공격을 가하기 위한 조직 모임 등이 있다(자세한 내용을 위해서는 『학교폭력과 관련된 양측』 16쪽, [그림 2-1]을 보라.). 문자 메시지, 휴대 전화, 웹페이지 등의 전자 형태를 활용한 겁주기, 즉 사이버 학교폭력(cyberbullying)은 개인에게 학교폭력을 가하는 또 다른 수단이다.

성장기에 있는 대부분의 아이들은 어떤 형태로든 학교폭력 행위를 경험한다. 또 어떤 아이들은 학교폭력에 직접 간여하기도 한다. 『미국의료협회저널(Journal of the American Medical Association)』은 6~10학년 아이들의 30% 가까이가 학교폭력의 가해자-피해자 관계에 있다고 보고하였다(Nansel et al., 2001). 대다수는 이러한 괴로운 육체적·심리적 장애를 헤쳐 나갈 수 있지만, 일부는 성공적으로 헤쳐 나가지 못한다. 다음은 학교폭력이 인간 영혼에 가할 수 있는 장기적 손상의 2가지 예다.

워비곤 호수에 찾아온 죽음

내가 『학교폭력과 관련된 양측』의 초고를 작성하고 있을 때, 미네소타의 시골에서 15세인 9학년 학생이 고등학교 건물 내에서 2명의 학생을 사살한 사건이 발생하였다(Meryhew, Burcum, & Schmickle, 2003). 그로부터 18개월 뒤에 또다시 미네소타의 한 어린이가 치페와(Chippewa) 지역의 레드 레이크 부족(Red Lake Nation) 학교에서 9명(4명의 어른, 5명의 학생)을 죽이고, 5명의 학생에게는 상해를 입힌 후 자신도 자살하는 사건이 발생하였다(Meryhew, Haga, Padilla, & Oakes, 2005). 이 사건은 2007년의 버지니아 공대 학살 이전에, 그리고 1999년의 컬럼바인 총기 난사 이후에 있어 가장 큰 인명 손실을 가져왔다. 죽음이 워비곤(Wobegon) 호수 주변에 사는 아이들과 가족들에게 닥친 듯하였다.

로코리(Rocori) 고등학교에서 발생한 첫 번째 사건의 법정 기록에서 증인들의 진술을 살펴보면 그 남학생이 14세의 급우들에게서 받은 놀림에 대해 복수하려고 한 것이었음을 알 수 있다. 그러나 그 앙갚음의 시도는 엉뚱한 방향으로 흐르게 되었는데, 그의 첫 번째 총기 발사는 체육관에 있던 상급생을 맞혔고, 그 상급생은 그 자리에서 절명하였다. 총을 쏜 학생과 희생자 사이에는 전혀 연관이 없었고, 의도하지 않은 희생이 발생하였다.

고통을 준 사람들에게 앙갚음을 시도한 학교폭력 피해자는 종종 자신이 무엇을 했는가를 인식하고는 놀라서 공격을 멈추는데,

특히 자신의 행동이 초래한 의도하지 않은 희생자들이 그와 같은 학교폭력의 피해자인 것을 발견할 때 그러하다. 행위 자체의 돌발성은 복수를 그치게 하는데, 로코리의 경우에는 그렇지 않았다. 혼란이 뒤따랐고, 총기 발사자는 계속해서 원래의 표적을 추적하였다. 2주 뒤에 그는 다른 학교에까지 가서 자신을 괴롭힌 가해자를 추격하였고, 치명적인 총상을 입힐 수 있는 직격 사격을 또 한 차례 감행하였다. 총상을 입은 학생은 무슨 일이 발생하였고, 보복의 의도가 무엇인지를 알지 못하였다. 다행히 한 교사가 영웅처럼 총기 발사자의 앞에 나서서 권총을 내려놓도록 권유하였다. 총기 발사자는 유죄가 확정되어 석방이 가능하기까지 최소 30년을 복역하여야 했다.

미네소타 거주자들은 학교 구역에서 일어난 비극을 슬퍼하였다. 1990년대 말에 학교 총기 난사 사건이 주요 뉴스가 되었을 때 미네소타 거주자들은 다행히 그러한 파국을 피해 갔었다. 사실 로코리 사건 전까지 중서부는 학교 총기 발사가 없던 지역이었다. 하지만 로코리 사건은 뒤이은 사건의 전조였다.

2005년 봄, 심각하게 곤경에 처한 16세의 고등학생이 그의 집에서 총기 난사를 시작하여 그것이 레드 레이크 고등학교(Red Lake High School)에까지 이어졌다. 많은 요인이 그 학생의 괴로움에 기여했지만 그 사건 전에 그가 말한 문제 중 하나는 바로 그가 친구들에게 따돌림을 당한다는 느낌이었다. 그는 자신의 옷 입는 스타일과 중세식의 생활 방식 때문에 친구들에게 협박을 당한다고 느꼈다. 그는 자신의 괴로움을 인터넷 채팅에서 토로하였다. 그는 심지어 그가 어떤 결말을 낼지 암시하는 내용을 담은 만화 동영상을 만들기도 하였다. 그의 고통과 계획이 알려지지 않은 것은 아니었다. 후에 이루어진 조사에 따르면 39명의 급우가 총기 발사자의 마음 상태 및 잠재적 계획의 일부를 사건 전에 알았었다(Ragsdale, 2006). 그러나 이러한 정보를 알았던 여러 명의 급우 중에 1명만이 법원에서 심리(trial)를 받았고, 그는 사설 시설에서 1년의 구류와 21세 이전까지 보호 관찰에 놓이도록 판결받았다.

총기 발사자가 현장에서 자살했기 때문에 레드 레이크 부족 사람들에게는 풀리지 않은 많은 문제가 남았다. 그러나 총기 발사자는 그의 생애에서 개인적인 고뇌를 숨기지 않았다. 그의 이야기가 그가 참여한 인터넷 채팅방 중 하나에 게시되어 있어 소개한다(이 게시물은 사생활과 법적 이유 때문에 다른 사이트로 이동되었다. 그러나 관심 있는 사람이라면 기록물 사이트에서 다운을 받아 직접 글쓴이와 대면할 수 있다.).

2004년 5월 13일 23시 6분

그들은 올해 초부터 나를 잠재적인 학교 총기 발사자로 간주해 왔고, 지난달부터는 그것을 기다려 왔다.

분명히 누군가가 4월 20일에 학교에서 총을 쏘기로 예정되어 있어서 나를 둘러싸고 많은 소란이 있었다. 나는 그에 대한 충분한 이유가 있다고 추측한다.

나는 전투화를 신고 있었고(바지는 군화 위로 걷어 올려져 있었다), 트렌치코트를 입고 있었다. 마지막 야구 경기에서 내 친구(그는 내 것과 같은 검은색 트렌치코트를 입고 있었다) ○○○이 국가가 연주되는 동안에 만세를 외쳤다. 때문에 사람들이 우리를 '트렌치코트 마피아'로 보았다. '내 친구' ○○○은 그녀가 본 60분짜리 학교 총기 발사자의 프로필과 내가 맞아떨어진다고 이야기를 할 정도였다.

나는 평소에 '그렇게 대중적이지 않은' 고딕식(내가 검은색 옷만 입고, 머리를 '악마의' 뿔처럼 틀어 올렸으며, 이상한 음악만 듣는다는 의미에서) 차림새였고, 그로 인해 정서적으로 혼동스러운 사람으로 보였을 수도 있다. 그러므로 누군가가 나에게 어떤 딱지를 붙인다고 해도 전혀 이상할 것이 없다. 그러나 나는 그러한 위협을 하는 사람 중 하나가 아니다. '사냥일(4월 20일)'에 연방수사국 사람들이 그 장소에 붐비겠지. 경찰차와 밴이 길 모서리와 학교 주위를 둘러싸고 무언가 일어나기를 기다리겠지.

2004년 11월 8일 13시 30분

(채팅방에서 그 총기 발사자가 이미 토로한 정신적 고통의 수준을 경시한 다른 게시자의 사과에 대한 답글에서)

당신이 좀 더 사려 깊기를 바랍니다.

나는 지금까지 살아오면서 나를 어두운 길로 몰아넣은 많은 일을 겪었습니다. 나는 칼로 내 손목을 그어서 그 피로 침실 바닥에 그림을 그렸었지요. 그렇게 몇 분 동안을 멍하니 앉아있기만 하다가 나는 그것이 길이 아님을 깨달았습니다.

나는 치료를 받기로 결정하였습니다만, 이미 피가 너무 많이 빠져나가 죽음에 이를 지경이 되었었지요.

나는 이제 반-억눌림자입니다. 당신들이 내가 겪은 어떤 것도 맛보지 않았다는 이유로 그렇게 말하도록 둘 수는 없습니다.

나는 이제 내 인생을 바꾸려고 합니다. 당신 같은 사람들의 태도가 나를 되돌려 놓기에는 진정 어려울 것입니다.

그는 그의 MSN 웹사이트의 '내 사진' 항목에 컬럼바인 영화의 한 장면을 올려놓았는데, 그것은 더블백을 짊어진 2명의 주인공이 학살이 벌어지는 학교에 들어서는 장면이다. '내 작은 이야기' 항목에서 그는 다음과 같이 썼다. '한 줄기의 희망도 없이 16년 동안 억눌려 쌓인 분노만이 있다. 나는 그것이 곧 깨질 것 같은 충동을 느끼며, 이제 더 이상 통제력도 없다.' 그의 '내가 좋아하는 것' 항목에는 다음과 같은 표현이 있다. '통제 불능의 상황…… 미친 상태로 지옥에 이르는 시간, 혼돈이 최고조에 달하고…… 어디로 갈지 정신없는 사람들에게…….'

확실히 여기에 깊은 고통 속에서 살았던 청년이 있었다. 그를 보살피는 어른들이 단 한 번만이라도 개입했었더라면 역사는 바뀌었을 것이다.

레드 레이크 학살 직후, 치페와 부족은 센 폴 시의 주 수도 빌딩
에서 희생자를 추모하는 행사를 가졌다. 나도 여타의 500여 명과
함께 거기에 있었는데 대부분은 미네소타의 인디언이었다. 매서
운 바람이 구름 한 점 없는 하늘을 방해하였고, 운동장의 분위기
는 바람만큼 엄숙하였다. 어른들의 얼굴에는 참석자 모두의 깊은
슬픔이 반영되어 있었다. 종족의 대변인은 인간성에 대한 더 이상
의 폭력이 없도록 요청하였다. 북소리와 노랫소리는 망자들을 달
랬고, 인디언들의 전통적인 모닥불 세리머니는 참가자들이 받은
나쁜 영향을 모두 쓸어 내었다. 모두가 눈물을 흘렸고, 그들에게
는 어째서 이와 같은 끔찍한 일이 일어났는지, 청년들은 어떤 메
시지를 가져가야 하는지에 대한 질문이 샘솟았다.

이 두 비극은 사건이 일어났던 공동체를 바꾸어 놓았지만 많은
어린이들은 여전히 변한 것이 없다. 아직도 급우 간에 학교폭력이
존재하고, 관여와 개입을 필요로 하고 있다. 여전히 가장 깊은 괴
로움을 겪을 때 아무도 곁에 없다고 느끼는 아이들이 있다.

우리가 아이들의 삶 속에 있는 모든 고통을 끝낼 수는 없지만, 특
별한 유형의 고통을 줄일 수는 있다. 교육적 환경하에서 협박하기
를 억제하는 것은 확실히 교사가 할 수 있는 일의 범주 안에 있다.

개입이 비극을 멈춘다

2003년과 2005년에 워비곤 호수에서 일어났던 사건은 이미 그

전에 일어났을 수도 있는 일이었다. 나의 친한 친구 중 하나가 학교 상담자인데, 그와 그 학교의 교장은 2002년에 발생할 뻔했던 학교 총기 발사를 막았다.

한 그룹의 학생들에게 협박을 당하던 학생이 점심시간에 공격당할 것을 두려워하여 자기방어를 위해 총을 가져올 것이라는 이야기가 있었다. 이러한 정보는 점심시간이 시작되는 종이 울리기 5분 전에 학교 상담자에게 전달되었고, 그는 이것을 교장에게 통보하였으며, 교장은 즉각적인 경찰 출동을 요청하였다. 먼저 그들은 수업 시간표를 통해 그 학생이 어디에 있는지를 파악하였다. 다음에 그들은 그 학생의 사물함을 수색하여 총기가 있는지를 확인하였다. 그들은 사물함에 총기가 없음을 확인하고는 그 학생이 있는 학급으로 이동하여 조용히 문을 열고 교실로 들어갔다.

원래 계획은 그 학생을 둘러싼 후 조용히 교실 바깥으로 데리고 나가는 것이었는데, 마침 그 학급은 대리 교사에 의해서 비디오를 시청하고 있었다. 교실 안이 깜깜하여 문을 열면 빛줄기가 들어가는 상황이었다. 마침 빛줄기는 그 학생이 앉아 있던 줄을 비추었고, 내 친구와 교장은 평상시에 이루어지던 점검마냥 아무렇지도 않게 교실 뒤편으로 갔다. 내 친구와 교장은 문제의 학생 옆으로 걸어가 각자 학생의 한 팔씩 잡고 그를 복도로 데리고 나왔다.

5초 뒤에 그들은 학생의 스웨터 안에서 장전된 권총을 발견하였다. 그는 그 권총을 오전 수업 내내 소지하고 있었다. 학교 상담자에게 제공된 정보는 정말 믿을 만한 것이었고, 내 친구인 학교 상담자와 교장은 총기 발사를 효과적으로 방어하는 데 성공하였다.

뼛속까지 스민 고통

내가 여기서 선택한 사례가 어떤 것이든 간에 아이들 자신의 말보다 더 정확하게 고통받는 아이들의 심정을 전달하는 것은 없을 것이다. 그들의 말은 깊은 상처와 고뇌의 소리이며, 그러한 고통은 그들의 마음과 영혼에 쉽게 치유되지 않는 영원한 상처를 남긴다. 뼛속까지 스미는 고통인 것이다.

학교폭력과 관련된 사례는 발생 시에만 우리의 주의를 끌지만, 사실 현재 당신이 이 책을 읽고 있는 시간에도 아마 당신 학교의 누군가, 혹은 당신이 아는 누군가는 절망적인 상황에서 그 고통을 끝내기 위해 자해를 하거나 남을 죽여 환상적인 복수를 하는 등 비이성적인 행동을 생각하고 있을 것이다. 학교폭력으로 인한 자살 (bullycide)은 자신을 죽임으로써만 그들의 고통에서 탈출할 수 있는 자살을 일컫는 용어다. 놀라운 것은 중학생 나이의 아이들에게서 그러한 행위가 증가하고 있다는 것이다. 우리는 또한 종종 학교폭력의 피해자가 가해자에게서 자신을 지키기 위해 학교에 권총을 가져와서 타인을 해치는 것을 보아 왔다(Carney & Merrell, 2001).

학교폭력이 발생함으로써 사람들이 상실하는 것

이 장이 즐겁지는 않을 것이다. 이 장은 우리를 우울하게 만들고, 누군가가 이 문제를 해결해 주었으면 하고 바라는 마음을 가지게끔 하기에 충분하다. 그것이 초점이다. 우리 교육자들은 학교에서 믿기 어려울 정도로 어려운 문제와 자주 부딪힌다. 그러한 상황에서 우리는 종종 '반드시' 수행되어야 할 일, 나중에 해도 되는 '덜 중요한' 일로 문제를 구분한다. 학교 업무가 너무 과중하기 때문에 우리는 덜 중요한 항목을 그것이 반드시 보아야 할 것으로 레이더에 탐지되기 전까지는 결코 되돌아보지 않는다. 교사는 자신의 일에 대해 순위를 매길 필요가 있고, 일의 쓰나미는 결코 줄어들지 않고 계속해서 커진다는 것이다.

아이들과 청소년들 사이에서 일어나고 있는 학교폭력과 겁박하기의 이슈를 제기하는 데에는 슬픈 진실이 있다. 학교폭력은 학생은 물론 우리의 문제다. 왜 그런지 물을 수 있다. 되돌아가서 내가 이 책의 두 장에 할애한 끔찍한 사건을 다시 읽어 보라. 다행스럽게도 현재 학교폭력의 발생은 10년 전보다는 줄어든 듯하다. 학교 안전망과 청소년의 법원 관련 기록이 하향 추세에 있다(http://nces.ed.gov의 국가교육통계와 http://www.ojp.usdoj.gov의 사법부 통계를 참조하라.). 보다 분명한 것은 앞에서 보았듯이 학교폭력이 더욱 위험한 무기의 사용으로 나타나고, 한 개인 이상의 다수를 향하여 전개된다는 점이다(Newman, Fox, Harding, Mehta, & Roth, 2004). 주변의 죄 없는 학생들이 원래의 목적에 부가하여 희생되고 있는 셈이다.

피해자가 괴롭히는 자에게 앙갚음을 할 때, 그리고 학교폭력이 감소되지 않을 때, 학교 전체는 무엇인가를 상실하게 된다. 학교 전반의 분위기는 다음과 같은 부정적인 영향을 받는다.

- 학교폭력이 다른 학생에게 발생하였을 때 나머지 학생들도 자신이 안전하지 않다고 느낀다.
- 학교 내에서 안전하지 않다고 느끼는 학생들은 학교 공부를 잘 못하게 되는데, 다른 학생이 가하는 협박의 공포와 그것을 어떻게 피할까에 대한 고심으로 주의가 산만해지기 때문이다.
- 학부모는 학교폭력을 용인하는 학교에 대해서는 신뢰를 잃게 된다. 학부모는 교사가 학생의 안전판이 될 수 있다고 믿지 않는다.
- 학교폭력이 발생하였을 때 교사는 종종 분란에 휩싸이게 되는데, 어떤 교사는 그 문제를 거론하려고 하지만 어떤 교사는 그러지 않으려고 하기 때문이다. 특히 행정가(교장)는 문제의 소지를 부정하거나 인정하지 않으려고 하는데 특정 교사가 문제를 해결하려고 할 때 그러한 상황은 더욱 심각해진다.

이 리스트가 충분하지 않다면 생각할 거리를 하나 더 추가하자. 어떤 이유에서든지 학교가 그 문제를 꺼려하여 대응하지 않는 경우다. 이에 따르면 교사, 학교 행정가, 학교 이사회 모두 '예측 가능한' 협박 사건을 막지 않는 조치를 취할 것이다.

학교 직원이 행동을 취하지 않으면 법적 관계자가 나설 소지가 크다. 학부모는 방어 행위로 간주되는 것을 충분히 가지고 있고, 전보다도 법적 선택을 추진하는 것을 두려워하지 않는다(Limber

& Snyder, 2006). 왜 그럴까? 교육은 문제 해결에 수동적이고, 적극적이지 않아 왔으며, 그것은 오늘날 우리가 학교폭력에 대해 아는 한 용서의 여지가 없다. 학부모는 아이들에게 학교폭력 문제가 발생했을 때 '우리는 그와 같은 일이 일어났는지 몰랐다.'는 학교의 설명을 듣는 것에 진저리가 났다.

그런 식이 되어서는 안 된다. 그리고 그것이 당신이 이 책을 읽는 이유다. 교사는 학교폭력의 고리를 끊어 낼 수 있고, 많은 비극을 사전에 막을 수 있다. 이것을 더욱 효과적으로 하기 위해서 우리는 팀 접근을 필요로 하는데, 팀 접근은 아이들 세계의 학교폭력을 줄이기 위해서 성인, 특히 학부모의 도움 리스트를 작성하는 것이다. 자, 이제 왜 학부모가 학교 교사와 일하기를 어려워하는지 그 이유를 밝혀 보자.

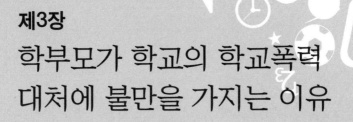

제3장

학부모가 학교의 학교폭력 대처에 불만을 가지는 이유

공립학교에 대한 학부모의 태도: 통계

'학교가 아무것도 하지 않는다.'는 학부모의 주장에 대해

학교의 개입 사실 기록하기

제3장 학부모가 학교의 학교폭력
대처에 불만을 가지는 이유

이 장은 쓰기가 어렵다. 나는 교사를 정말 존경하고, 그동안 훌륭한 교사와 협력할 기회를 가져왔기 때문이다. 그들의 역할 모델링은 오늘날의 나를 만드는 데 도움을 주었고, 나는 그것에 대해 매우 감사하게 생각한다.

> 그들은 단지 아무것도 하지 않는다. 나는 질리도록 그들에게 이야기를 하고 요청했었지만 바뀐 것은 아무것도 없다. 결국 나는 내 아이를 학교에서 빼내어 홈스쿨링을 하였다. 우리는 최소한 그것이 아이를 안전하게 지킬 수 있다는 것을 안다.
>
> 3학년 여학생의 엄마

그러나 나도 당황스러울 정도로 교육 현장에는 부정적인 측면이 있다. 교사는 학교폭력에 대응하는 데 실패하고 있었는데, 그들이 학교폭력에 대해 지식도, 기법도, 열의도 없기 때문이었다. 교사는 그들의 재량하에서 학교폭력에 어떻게 대처해야 하는지에 관한 자원을 가지고 있지 않았다. 더욱이 교사는 아이들 혹은 청소년 또래 간에 겁박은 있을 만한 것이며, 신경 써야 할 점이 있다고 여기지 않았다. 이 장에 실린 인용은 모두 사실이다. 그 인용은 내가 학부모, 학교, 공동체에서 수행했었던 전문 상담에서 나왔다. 물론 그 이름과 지역, 환경 등은 사적 비밀의 보호를 위해 바꾸어 인용하였다.

우리의 학교, 그것이 공립이든 사립이든 혹은 교회 소속이든 간에 아이들 사이에 겁박이 난무하는 것을 무시하는 것은 용서의 여지가 없다! 왜 그러한 행동이 책임 있는 위치에 있는 어른들에게서 일어나는 것일까? 그것은 우리가 그렇게 되도록 하였기 때문이다. 교사에게 학교 내에서 또래들 간에 일어나는 겁박에 대한 책임이 있지는 않지만 많은 경우—매번은 아니지만 훨씬 더 많이—우리는 그러한 겁박이 일어나도록 만드는 태도 및 행동을 명시적으로 혹은 암묵적으로 취하고 있다. 이는 확실하고 분명한 사실이다. 그것은 대부분의 교사가 치르는 전쟁으로 너무도 바쁜 일과 속에서 그 '사소한 문제'를 내버려 두는 것에 기인한다. 그러나 우리는 학교폭력이 일어났을 때 그것이 아이들의 세계에서는 결코 '사소한' 문제가 아님을 알고 있다.

학교 내에서 겁박의 문제에 효과적으로 대응하는 데 실패하는 것에서 교사에 대한 신뢰는 상실된다. '매우 만족하는' 부모가 다수임에도 불구하고 우리의 관심을 끄는 여타의 통계가 있다.

공립학교에 대한 학부모의 태도: 통계

가장 최근의 파이 델타 카파 조사(Rose & Gallup, 2006)에서 나타난 것처럼 미국교육부통계국(NCES, 2005, 2006)에서 공립학교 시스템에 대하여 이와 유사한 긍정적 의견을 확인하였지만 이 조사는 동시에 그 측면의 일정한 결함도 보고하고 있다. 특히 학교 폭력과 관련된 2가지의 조사 결과가 주목된다.

- 지역의 공립학교에 영향을 미치는 가장 큰 문제에 통제와 규율 부재(11%), 싸움(5%)이 포함되어 있다.[1]
- 교사가 재직 초기 몇 년 안에 직장을 떠나는 가장 큰 이유는 학부모(96%)와 행정가(93%)의 지원 부족과 학교 내의 열악한 근무 조건(92%)이었다.[2]

비록 11%와 5%는 낮은 비율이지만 이러한 의견을 가진 사람들은 공개적인 반응을 보이는 범주로 묶을 수 있으며, 지역사회의 문제만은 아니라는 인식을 사회 전체에 확산시키는 데 충분하다.

그리고 사실이든 아니든, 그러한 인식이 학부모들 사이에 지속되면 앞에서 인용한 3학년 여학생의 엄마처럼 겁박이 일어났을 때 학교에서는 '아무것도 하지 않는다.'는 소문이 계속된다. 더욱이 종종 그러한 인식이 맞지 않지만 학부모는 겁박이 일어났을 때 교사가 무엇을 하고 있었고, 그것을 미연에 방지하려고 몇 번이나 노력하였는지 등에 관한 구체적인 정보가 없기 때문에 교사는 '아무것도 하지 않는다.'는 주장을 지속할 수 있다. 때로는 교사조차 그러한 사고 방지 노력이 얼마나 실행되고 있는지를 알지 못하는데, 그러한 행동은 교사의 정규적·일상적인 경계의 일부분이기 때문이다. 따라서 우리는 우리가 얼마나 자신의 역할을 잘하는지, 겁박을 알아채지 못할 때는 언제인지 등에 대해 학부모와 공유하기가 어렵다.

물론 약간의 성가신 수학 문제가 남아 있다. 5만 명의 지역 주민 중 앞의 설문에서 학교의 통제와 규율에 문제가 있다고 응답한 11%의 수치는 5천 5백 명이 '학교는 아무것도 하지 않는다.' 혹은 '그들은 아이들을 통제하지 않는다.' 결국 그래서 아이들이 '벌거벗고 복도를 뛰며 횡행한다!'는 부가적인 독설을 퍼뜨릴 잠재적 후보가 된다는 계산이 나온다.

소문이 그렇게 나쁜 것은 아니지만 당신은 어떻게 이런 것이 속수무책으로 퍼지는지 알고 있다. 학교폭력에 대해 우리가 반응을 하게 될 때는 이미 학교가 '아무것도 하지 않는다.'는 인식이 퍼져 있는 상태다. 따라서 이것이 우리가 일을 하는 데 학부모의 충분한 지지를 받지 못한다고 믿고 있는 대중의 96%에게 전달되어 있을 수 있다. 꼬리가 몸통을 흔드는 격이지 않은가? 학교가 규율도 없고, 전혀 통제하지 않는다고 믿는 학부모가(11%) 일반 대중(96%이면 거의 대부분이다!)인 모든 사람에게까지 교사에 대한 지원을 단념하게 하도록 그냥 둘 것인가?

학생들의 학교폭력에 관한 NCES의 최근 정보는 우리들에게 성

가신 문제를 제기한다(DeVoe & Kaffenberger, 2005). NCES는
2001년 전국범죄희생자 조사(National Crime Victimization Survey:
NCVS) 자료를 분석하여 다음과 같이 보고하였다.

- 12~18세 학생들의 14%가 직간접적으로 학교폭력을 당하고
  있다.[3]
- 6학년 중 24%는 놀랍게도 학교폭력을 당하는 것이 일종의 유
  행이라고 보고하고 있다.[4]
- 학교폭력은 사립학교에서나 공립학교에서나 비슷하게 발생
  한다.[5]
- 일종의 유행으로 학교폭력을 당한 학생들은 일련의 폭력이나
  금품 갈취를 통해서 범죄적으로 희생당하는 경향이 크다.[6]
- 학교폭력의 피해자는 방어용으로 학교에 일종의 무기를 지니
  고 올 확률이 높다.[7]
- 학교폭력을 당한 학생들은 그렇지 않은 학생들보다 학교 성
  적이 떨어지는 것을 더 자주 경험한다.[8]

당신은 학생들의 이러한 경험이 학부모들에게 이야기되지 않는
다고 생각하는가? 만일 우리가 그렇게 믿는다면 그것은 우리 자신
을 바보로 만드는 것이다. 이러한 경험을 들은 학부모가 학교가
잘한다고 생각하지 않는 여타 사람들을 만났을 때 이에 대해 잘
모르던 사람들은 그러한 믿음이 옳다는 '증거'를 확보하게 되고,
다음번의 공공교육 지출을 늘리자는 조세 개혁에 반대표를 던질

이유를 가지게 된다. 그 '진실'은 바깥에 있었고, 그들은 단지 그것을 '발견했을' 뿐이다.

'학교가 아무것도 하지 않는다.'는 학부모의 주장에 대해

  학교 교직원이 학교폭력과 놀림을 목격하였을 때 정말로 그것을 무시하고 있는가? 대부분은 아니다. 그 '대부분'이 무엇을 의미하는지를 결정하도록 하자. 대부분의 교사는 자신이 목격한 겁박 행위를 막는 데 신실한 노력을 하고 있으며, 겁박 행위가 심하게 눈에 뜨일 때는 결코 그것을 무시할 수가 없다. 그러나 불행하게도 우리는 그러한 겁박 행위가 우리의 코밑에서 일어나지 않는다는 것도 알고 있다. 우리는 학교폭력이 학교 일과 중에 아이들의 세계에서 진행되고 있음을 안다. 교사가 자신이 하고 있다고 생각하는 것과 아이들이 부모에게 이야기하는 것은 2가지의 다른 사안이다. 크레이그, 헨더슨, 그리고 머피(Craig, Henderson, & Murphy, 2000)

  내가 학교에서 교사와 이야기를 해 보니 그들은 이해를 하지 못하고 있었다. 교사는 내가 그 문제를 다루어야 한다고, 혹은 그 문제가 내 아들의 잘못이거나, 내 아들의 부족한 학습 능력 때문에 아이들이 그를 괴롭힌다고 생각한다.

  9학년 남학생의 엄마

는 학교폭력에 관한 교사의 태도가 그들의 개입 정도에 영향을 미치며, 그러한 개입의 효과성에 대한 인식에서 교사와 학생 사이에 차이가 있음을 지적하였다.

이것이 학교 교직원이 학교폭력에 어떻게 대응하는지에 대한 지각에 있어서 학부모가 가지고 있는 문제의 핵심이다. 학부모는 학교에서 가장 극악무도한 학교폭력을 방지하고 있다는 것을 충분히 알고 있지만 그러한 노력이 일관된다고 느끼지 않으며, 학교폭력을 미리 방지하기 위해 지속적인 관심을 보이고 보호 조치를 하는 '부가적 활동'은 하지 않는다고 생각한다. 이것이 교사에 대한 공정한 인식인가? 항상은 아니지만 때로는 그렇다. 확실히 일부 공동체와 학교는 겁박하기의 문제를 심각하게 받아들이고, 학생들 내에서 전반적인 긴장을 감소시키기 위하여 주요한 노력을 기울이고 있다. 그들은 누구나 존경하는 문화를 심고 있다. 그러나 학교폭력 문제를 노골적으로 부정하지는 않지만 우습게 보는 학교도 있다. 내키지는 않지만 학교폭력 문제를 치유하려는 노력이 완전한 부정보다는 낫다.

'그들은 아무것도 하지 않는다.'는 소문에 대한 교직원의 문제는 1~2명의 떠드는 학부모가 그 주장을 공고히 할 수 있고, 학부모의 목소리가 큰 학교는 직원들에게 비애감을 준다는 것이다. 그러한 주장은 학교 내의 모든 교직원에게 상당한 손상을 줄 수 있는데, 그들의 보살핌하에 있는 아이들을 지키는 데 있어서 부주의하고 게을리하였다는 오명이 씌워지기 때문이다. 학교폭력에 대한 대처에서 교직원이 부주의하거나 게으르다는 것은 학생들이 부당하게 대접받음을 참아야만 하는 것처럼 정당하지 않다. 그러한 상황은 누구에게도 이득이 되지 않는다.

학교의 개입 사실 기록하기

학교 교직원이 학교폭력에 비효과적으로 반응한다는 학부모의 인식에 대응하는 가장 효과적인 방법 중 하나는 그러한 주장을 반박하는 사실을 찾아서 학교폭력 문제를 치유하기 위해 무엇이 이루어지고 있는지를 정확하게 제시하는 것이다. 그 증거로는 ① 학교폭력과 싸우는 학교의 전반적인 노력(예를 들어, 초등학교 수준에서 친절함에 대한 인성교육 혹은 중 · 고등학교 수준에서 차이에 대한 이해와 관용 교육 실시), ② 학교 교직원이 학생들의 학교폭력과 관련된 비행에 어떻게 대처하고 있는가(예를 들어, 신뢰 있는 학생보호 등)의 사례, ③ 무엇보다도 잘못된 대우를 받는 아이가 있을 때 교직원이 구체적으로 어떻게 대처하는가의 사례 등이 있을 수 있다. 학교가 아이들을 위해 진심 어린 노력을 한다면, 그것이 설령 학부모의 마음에 차지 않더라도 학부모가 학교에 적대적이 되지는 않는다.

이 장의 마지막 부분에 학교 교직원이 아이들이 잘못된 대우를 받고 있는 것을 무시한다는 학부모의 반복된 주장에 대한 대처 편지가 소개되어 있다(다양한 형태로 이를 활용할 수 있다.). 그 편지가 학부모의 관심을 직접적 그리고 구체적으로 다루고 있음을 주목하라. 학교폭력에 관심을 보이는 학부모에게 적정한 편지가 되기 위해서는 다음의 6가지 원칙을 따라야 한다.

1. 아이들에 대한 부모의 관심에 충분히 공감하라

어떠한 것이든지 아이들의 학습에 부정적인 영향을 야기하는 비행에 대한 학부모의 관심은 설령 그 아이 자체가 문제의 일부이고, 학부모가 학교와의 의사소통에 어려움이 있을지라도 매우 존중되어야만 한다. 아이들은 잘못된 행동을 할 수 있고, 그런 아이들을 지도함에 있어 학부모가 어려움을 느낄 수 있으므로 교사는 아이들과 학부모를 다루는 데에 항상 최선을 다해야만 한다. 학부모의 관심에 대한 최선의 존중은 의사소통의 문을 항상 열려 있게 하는 것이다. 학부모의 관심에 대해 폄하하거나 건방진 태도를 취하는 것은 교사가 아이들을 잘 돌보지 않는다는 일반적인 인식을 공고히 할 뿐이다. 다음과 같은 예는 절대로 사용해서는 안 된다.

솔직히 나는 그 아이에게 무슨 일이 있었는지 신경 쓰지 않습니다. 그 아이가 모든 문제의 원인이고, 만일 그 아이가 감옥에서 평생을 보내야만 한다고 해도 나로서는 문제가 되지 않습니다.

중학교 교장

이는 학부모가 우리 교사들에게 행패를 부리는 것을 참으라고 이야기하는 것이 절대로 아니다. 우리는 아이들에게 진실로 관심을 가지는 학부모를 만날 때마다 전문적이고 성숙한 처신을 견지하도록 노력해야 함을 깨닫는다. 학교의 대처에 좌절을 느낀 학부모는 법적 상담을 받을 가능성이 훨씬 더 크고, 그들은 학교에서 받은 냉대를 증명하고자 할 것이다.

2. 치유를 위한 노력에 누가 관여하고 있는가를 확인시켜라

가장 최선의 해결책은 종종 가장 단순하며, 소수의 사람을 상대하는 것이다. 문제 해결을 위해 여러 번의 자문 및 상담을 하는 것은 교직원이 학교폭력을 무시한다는 학부모의 인식을 감소시킬 수 있다. 적어도 6명 이상의 교직원이(그중의 1명은 상급 감독자) 2주 동안 학생 관련 회의에 참여하였음을 보여야 한다. 여기에 가해자의 학부모를 만나는 교직원의 숫자는 포함되어 있지 않다. 확실히 초등학교 교직원은 학교폭력 문제 해결에 열심이다. 학교폭력 사례를 발견한 교사 모두가 개입하고, 학교 상담자는 학생과 학부모 모두를 위한 조정자로서 활약한다. 학교 교직원의 참여가 부족한 적이 없다.

3. 구체적인 노력, 날짜 및 조치 등을 기록하라

이것은 편지에서 특히 부모에게 보여 주기 위해 가장 중요한 부분인데, 학교는 학교폭력을 당하는 학생들에게 취해지는 모든 조치를 학부모에게 보여 줄 수 있어야 한다. 이 장의 마지막에 제시된 편지의 사례에서 교직원은 학교폭력을 당한 여학생을 위해 그녀가 학교를 그만두기까지 네 차례 이상의 회의를 하였다. 이 한

가족의 문제를 풀기 위해 2주 동안 적어도 열 차례 이상의(실질적으로 하루에 한 차례) 학생-학부모-교직원 접촉이 있었다. 그 편지에 다른 학생이나 그 가족을 접촉한 정보는 하나도 포함하고 있지 않음을 기억하라. 지난 2주 동안에 이 상황을 해결하기 위해서 학교 교직원이 얼마나 많은 시간을 썼는가? 매우 많이 썼다. 그것은 학교폭력이 발생하였을 때 학교의 견고한 대처에 의해 학교폭력의 후폭풍이 잠잠해졌음을 보여 준다.

4. 주(州) 법이 요구하는 것처럼 관여된 모든 학생의 비밀을 보호하라

나는 교사는 물론 교장과도 이야기하였습니다. 나는 심지어 상급 감독자도 만났습니다. 그들 모두는 이해하지 않으려고 하였습니다. 그것이 오직 한 아이에게 영향을 미치는 것인 한, 그들은 신경 쓰지 않았습니다. 그러나 나와 내 아이는 괴로웠습니다. 내 아이는 자신을 둘러싸고 느닷없이 자행된 학교폭력뿐만이 아니라 그것이 아무것도 아니라고 생각하는 학교 당국에게도 상처를 입었습니다.

8학년 남학생의 엄마

다른 학생과의 문제로 학부모와 소통할 때, 주 법에 따라 교사가 말할 것과 말하지 않을 것이 있다. 특히 자신의 아이를 해치고자 했던 아이들을 알고자 하는 학부모는 주의 비밀보호법에 대해 짜증스러워한다. 학교폭력을 당한 아이의 학부모는 자신의 아이를 공격한 아이들이 다시는 그런 일을 못하도록 충분한 벌을 받는지 알기를 원한다. 솔직히 말해서 학부모는 자신이 직접 가해자에게 어떠한 행동도 할 수 없기 때문에 학교에서 가해자를 처벌해 주기를 바라는 어느 정도의 보복 심리를 가지고 있다. 이 점에 관해서는 교사인 나를 믿어 주기를 바라는데, 만일 자신이 처리할 수 있다면 기꺼이 자신의 손으로 문제를 해결하려는 학부모가 많다. 어떤 상황에서든지 학교 교직원은 학교폭력을 행한 아이들이나 그 가족을 위험에 처하게 할 정보를 제공해서는 안 된다. 누가 그럴까 생각되겠지만 나는 학교폭력 문제를 해결하는 최선의 방법은 학교폭력을 당한 아이의 부모가 자신의 아이를 괴롭힌 아이의 가족을 겁박하거나 혹은 그 괴롭힌 아이를 직접 위협하는 것이라고 믿는 학교 교직원의 사례를 알고 있다. 우리는 스쿨버스에 승차하여 자신의 아이를 공격하였다고 짐작되는 아이들을 공격하는 학부모의 동영상을 보았다. 매우 드물겠지만 일부 학부모는 학교의 도움 없이 자신의 힘을 이용해 그런 식으로 어리석게 행동할 수 있다고 여긴다.

학부모는 자신의 아이에게 해를 끼친 가해자가 그에 대해 적절하게 책임지는 것을 알 권리는 있지만 적절하게 책임지는 것과 처벌이 반드시 동일한 것은 아님을 알아야 한다. 법과 비밀보호와 관련하여 약간의 골치 아픈 문제가 있다. 주별로 다르지만 학교 교직원이 괴롭힌 아이의 부모의 동의 없이 학교폭력을 당한 아이의 부모에게 가해자에 대한 정보를 제공하는 것은 불법이다. 그것은 피해를 당한 아이의 부모가 자신의 아이가 이야기한 것을 통해 누가 어떤 행동을 했는지 아는 것을 의미하지 않는다. 학교 교직원은 학부모-교사 회의 중에 그들이 말할 수 있는 것과 말할 수 없는 것에 관련된 법을 잘 알아야 한다. 법은 다른 아이들에 대한 학부모의 비평에 대처할 때 이루어지는 즉석의 발언까지도 규제하고 있다.

5. 학교가 할 수 있는 것과 할 수 없는 것을 솔직하게 시인하라

학교 교직원은 아이가 학교에 있는 매 순간 위험에서 안전하다는 100%의 철석같은 보장은 할 수 없다. 아이들은 운동장에서 놀 때조차 사고로 코피가 나고, 무릎이 깨진다. 그러나 교직원은 그들이 학교에서 아이들을 보호하기 위해 인간적으로 가능한 모든 것을 하려고 노력하며 헌신한다는 100%의 보장을 학부모에게 줄 수는 있다. 교직원이 학교 일과 중 내내 그들의 아이들에게 개인적인 지도와 보호를 제공할 것이라고 학부모가 믿는 것은 합리적이지 않다. 학교의 안전을 유지하고 강화하는 노력을 지속하는 것은 학교의 책임이다. 안전한 학교의 확보는 상당 부분 학교폭력 방지를 위한 계획과 교과 개발에서 온다. 학교폭력이 아이들의 세계에 역병을 유발하며, 그 최악의 예는 피해자가 고통을 외부 혹은 내부로 전환시켜 나타나는 살인과 자살이라고 이야기하는 방대한 문서를 우리는 가지고 있다.

6. 지속적으로 학부모와의 열린 대화를 장려하라

아이들의 괴로움에 대해 교사가 가지는 관심과 대처에서 학부모의 가장 큰 불만은 교직원이 학부모가 '과잉으로 행동'한다거나 혹은 '까다롭다.'고 말하는 것이다. 우리를 바보로 만들지 말자. 그러한 꼬리표는 '그 사람 미쳤어.'라고 할 때의 '미친 사람'을 위한 학교 용어다. 만일 우리가 학부모의 관심을 비정상적이고 과도한 감정 상태의 사람에게서 오는 것으로 하찮게 여긴다면 학부모의 요청에 대한 정당성을 부정하기가 쉬울 것이다. 물론 준비가 완료된 부모는 때때로 교사에 대한 신뢰에 직접적인 위협이 될 수 있는데, 특히 학부모가 자신의 아이에 대한 겁박을 해결하기 위해 나설 때 학교가 무관심하다고 믿는 이들의 시각이 옳다면 더욱 그러하다.

열린 의사소통의 문을 쾅 하고 닫는 가장 빠른 방법은 도움을 요청하러 오는 사람들이 조롱과 무시를 당한다는 느낌을 가지게 하는 것이다. 그러할 때 좌절은 커지고, 분노가 야기되어 부모는 가 버리거나(때로는 이것이 우리가 바라는 것이었을 수 있다) 혹은 (어떻게 해야 할지를 알고 재력과 시간이 있는 경우) 그들의 관심을 대중화시키게 된다. 그 대중화의 최악은 변호사에게 가서 학교에 소송을 거는 것이다.

교직원은 결코 어려운 주제에 관하여 의사소통을 막는 이가 되어서는 안 된다. 우리는 정말로 까칠한 학부모를 만날지라도 항상 정도(正道)를 걸어야 한다. 의사소통의 문을 열어 두면 사건이 발생한 이후에 관련된 모든 당사자에게 차분하게 성찰할 수 있는 시간을 주게 되어 학부모는 결국 자신의 아이만을 생각했던 것에서 벗어나 전체적인 모습에 대한 더 큰 통찰을 가지고 교직원과 만나

> 우리가 그 문제를 풀 수 있었던 이유는 학교 상담자가 분연히 일어나서 교사들과 교장에게 학교폭력에 정말 큰 문제가 있다고 설득하였기 때문이다. 학교의 누군가가 우리에게 학교에서 벌어지고 있는 일에 대해 진실을 말해 주고, 그것을 진정으로 들어 주려고 하는 한, 누가 가해자인지는 나에게 문제가 되지 않았다.
>
> 9학년 남학생의 아빠

게 된다.

우리는 이제까지 학교폭력이 발생하였을 때 교사의 대처 서비스에 대해 학부모가 왜 회의적인지에 관한 몇 가지 이유를 살펴보았다. 우리는 우리가 한 일에 대한 정확한 기록의 중요성을 알았고, 정확한 기록은 학부모에게 학교폭력 문제를 해결하기 위한 우리의 진정한 노력을 보여 줄 수 있다. 이제 우리가 해야만 하는 것은 문제를 해결하기 위해 학부모와 얼굴을 맞대고 의사소통을 증진할 방법을 모색하는 것이다. 서면 의사소통도 가능하지만, 직접 대면하면 불필요한 문제를 피할 수 있고, 다음에 제시된 편지의 내용처럼 우리가 학부모의 도움을 필요로 하며, 학부모가 얼마나 문제 해결의 중요한 고리인가를 그들에게 납득시킬 수 있다. 이제 제4장으로 가서 학교폭력을 당하는 피해 학생의 학부모와 소통하는 기법을 학습하도록 하자.

멜리사 부모님께

저희는 멜리사의 급우들의 잘못된 행동에 대해 학교가 조치하는 방식이 걱정된다는 부모님의 편지를 받았습니다. 이전에 말씀드린 것처럼 저희는 부모님이 걱정하시는 마음을 이해합니다. 이 편지는 부모님의 2007년 3월 23일 편지에 대한 답장으로 멜리사를 위한 저희의 노력에 대한 좀 더 공식적인 문서입니다.

지금까지 저희 교직원 몇몇은 이 문제를 가지고 부모님과 세 차례 만났습니다. 부모님이 느끼시기에 저희가 멜리사의 문제를 해결하는 방법이 효과적이지 않고, 그래서 부모님이 좌절하셨다는 것을 잘 압니다. 제가 부모님과 마지막으로 대화한 이후에 저는 지난 몇 주간 이 일에 관여한 모든 교직원을 소집하여 저희가 멜리사의 문제에 대한 처리에서 모두 함께 노력하고 있음을 확인하였습니다. 거기에는 학교 상담자인 칼로 로거리아와 멜리사의 담임 교사인 애리스 토틀, 음악 교사인 패트리샤 메테니, 체육 교사인 매리 톤, 그리고 제가 참여하였습니다.

우리 모두는 부모님과 공감하고 있으며, 개별 혹은 그룹 미팅을 통해 멜리사가 최근 몇 주간 경험한 문제를 해결하고자 열심히 노력하였습니다. 특히 저희는 다음과 같은 일을 하였습니다.

3월 12일: 멜리사가 운동장에서 돌로 맞은 사건 직후에 바로 멜리사와 관계된 아이들을 만났음(담임과 상담 교사).

3월 13일: 사건을 논의하기 위해 멜리사의 어머니를 만났음(담임과 교장). 멜리사가 그 사건을 어떻게 처리하고 있는가를 알아보기 위해 멜리사를 만났음(상담 교사).

3월 14일: 음악 교실 화장실에서 12일 사건에 관계된 동일 여자아이들에 의해 두 번째 사건이 발생함. 화장실에 있는 멜리사에게 접근한 여자아이들을 만났음(음악 교사와 교장). 멜리사와 만났음(상담 교사와 교장). 이틀 이내로 두 번째 사건에 관계된 여학생들의 부모와 만날 필요가 있다는 회의를 하였음.

3월 15~16일: 두 사건에 관계된 여학생들의 부모를 만났음(상담 교사와 교장). 15일에 멜리사가 학교생활을 지속하기 위해 무엇이 필요한지를 알아보기 위해 멜리사를 만났음(상담 교사).

3월 16일: 두 사건을 논의하기 위해 멜리사의 아버지를 만났음.

3월 19일: 체육 시간에 멜리사가 아픔을 호소하여 체육 교사인 매리 톤이 멜리사의 어머니에게 전화하여 멜리사를 데려가도록 함.

3월 20일: 멜리사가 결석함. 교장인 저는 멜리사의 어머니와 통화하여 멜리사가 두 사건으로 인해 학교에 오고 싶어 하지 않는지 알아보았음.

3월 21일: 멜리사가 다시 결석함. 상담 교사가 멜리사의 어머니에게 전화하여 멜리사의 상태를 물어봄.

3월 22일: 멜리사의 어머니가 교장실에 전화를 걸어 학교의 대처에 대한 불만을 토로하였음. 교장인 저는 개별적으로 장학사와 만나 그 문제를 다시 검토하였음.

3월 23일: 멜리사의 아버지가 전화하여 학교가 멜리사의 문제에 대해 어떻게 대처하고 있는지에 대한 서류 요청을 하였음. 멜리사의 아버지는 학교가 더 이상 학교폭력이 발생하지 않도록 보장하지 않는 한 멜리사는 학교로 되돌아가지 않을 것이라고 말하였음. 방과 후에 멜리사의 문제와 관련된 교직원이 모두 모여 어떻게 할 것인가에 대해 1시간 동안 토론하였음.

주(州) 법은 우리가 부모님과 함께 가해 학생에 대해 논의하는 것을 금하지만 저희는 항상 원칙을 가지고 행동하며, 학교폭력이 일어날 가능성을 줄이기 위해 올바른 조치를 하고 있다고 말씀드릴 수 있습니다.

멜리사가 이후에 학교폭력이나 조롱을 당하지 않을 것이라고 보장하고 싶지만 저는 그렇게 할 수 없습니다. 저희는 모든 학생을 주의 깊게 관찰하지만 불행하게도 학생들이 잘못된 행동을 할 때 그것을 방지하지 못할 수도 있습니다. 저희가 불독(Bulldog) 지역 초등학교 중에서 친절 교과 과정을 운영하고 있음을 알아주십시오. 그 교과 과정 속에서 학생은 물론 교사도 학교폭력과 조롱을 해소하도록 맹세하고 있습니다. 우리가 학생들을 보호하는 데 필요한 모든 조치를 수행하고 있음을 알아주십시오. 그것은 학교 교직원 모두가 지키고자 동의한 바입니다.

올해 멜리사의 경험은 우리 모두에게 슬픔이었고, 저희는 그러한 학교폭력이 멜리사뿐만 아니라 모든 학생에게 일어나지 않도록 노력하고 있습니다. 저희는 멜리사가 돌아오기를 원하며, 멜리사가 돌아오도록 함께 노력할 것입니다. 이 문제로 이야기하실 것이 있으시면 주저하지 마시고 연락을 주십시오.

교장 세이무어 스키너

♥ 주 석

1. See Table 10, p. 45, of the 2006 PDK/G Poll survey.
2. See Table 27, p. 48, of the 2006 PDK/G Poll survey.

3. See p. v and Table 1 (Appendix B) of *Student Reports of Bullying: Results From the 2001 School Crime Supplement to the National Crime Victimization Survey* (DeVoe & Kaffenberger, 2005).

4. Ibid., p. vi, Figure 2 (p. 6), and Table 1 (Appendix B).

5. Ibid., p. vi and Table 2 (Appendix B).

6. Ibid., p. vi and Table 3 (Appendix B).

7. Ibid., p. vii, Figure 6 (p. 12), and Table 6 (Appendix B).

8. Ibid., p. vii, Figure 7 (p. 13), and Table 7 (Appendix B).

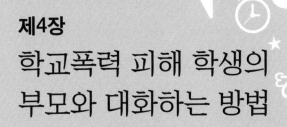

제4장

학교폭력 피해 학생의
부모와 대화하는 방법

제4장 학교폭력 피해 학생의
부모와 대화하는 방법

학교폭력과 조롱을 학교에서 어떻게 대처하는지에 대한 학부모의 인식과 말을 살펴보았으니 이제는 학부모가 우리 학교를 방문하였을 때 그들을 어떻게 대해야 하는지에 대한 전략과 전술을 살펴보도록 하자.

진실에 직면하자. 제3장에서 본 것처럼 급우에게 학교폭력을 당한 아이의 부모는 교사가 그 문제를 해결하는 데 충분히 나서지 않는다고 생각할 가능성이 있다. 사실이든 아니든 간에 그러한 인식은 현실이 되어 버리는 경향이 있다. 그렇다면 학교를 신뢰하지 않는 학부모에게 어떤 도움이 되는 일을 할 수 있을까?

첫째, 그 문제에 정면으로 부딪히자. 진실 주위에서 머뭇거릴 필요가 없다. 이러저러한 겁박이 당신의 학교에서 일어날 가능성은 매우 높다. 우리는 다른 학교에서 겁박이 일정하게 발생하고 있음을 안다[이 주제에 관한 전반적인 연구 결과를 보려면 미국의료협회저널에 실린 Nansel 외(2001)의 논문을 참조하라.]. 왜 우리는 학교폭력이 '다른' 학교에서만 발생하고 우리 학교에서는 발생하지 않는다고 가정하는 것일까? 사실을 확인하라. 아이들은 가정이나 문화적 배경과 무관하게 보편적인 행동을 하며, 그 보편적인 행동 중의 하나는 급우들 간에 서열을 매기는 것이다. 이러한 노력은 보통 다른 급우들보다 육체적 · 언어적 · 심리적으로 우세를 보이는 행동을 통해서 나타난다. 그것은 취학 이전과 초등학교 초기에는 덜 분명하지만, 초등학교 후기와 중학교 시기에 폭발적으로 나타나며, 이후에는 줄어든다(DeVoe & Kaffenberger, 2005, [그림 2]를 참조하라.). 따라서 '그런 것은 우리 학교에서는 발생하지 않아.' 라는 생각은 없애자. 물론 모든 학생은 아침에 학교에 들어와서부터 오후에 집에 돌아가기까지 어른의 후견을 받는다. 겁박하기는 당신의 학교에서 일어나고 있고, 그것은 항상 경계를 함으로써 그 발생의 빈도를 줄일 수 있다.

둘째, 교사는 기꺼이 그 문제를 해결하려고 한다는 점을 보여 주거나, 학부모의 이야기를 조사하는 과정에서 의사소통의 문을 열어 두고, 문제 해결을 위해 부모와의 동맹 협력을 증진시킬 수 있어야 한다. 동맹 협력은 이러한 노력의 중심에 있다. 동맹 협력은 학교와 가정의 파트너십을 전제로 한다. 그것은 학교와 가정이 동일한 목표를 가지고 협력함을 의미한다. 그러한 동맹 협력에서 각 파트너들은 시작 단계에서 합의된 일정한 책임에 동의하며, 학교의 책임 직원은 교육적 환경 영역을 돌보고, 학부모는 가정환경을 돌보게 된다. 완전한 세계에서 아이들은 그러한 파트너십 동맹의 제3각을 형성하는데, 우리는 학교폭력을 당하는 아이와 청소년이 파트너의 수준에서 수행할 수 있는 자원을 가지지 못함을 인정해야 한다. 궁극적인 목표는 상황을 안정화시켜 피해를 당한 아이가 급우들의 겁박을 없애거나 피할 수 있는 행동을 학습하도록 기회를 주고 시간을 버는 것이다. 동시에 학교폭력을 야기한 아이들의 부모와 함께 문제를 풀 수 있도록 시도해야만 한다. 이에 대해서는 다음 장에서 다루자. 결론적으로 학부모와 학교 교직원의 동맹 협력은 지금의 혼동에서 벗어나 질서를 제공하는 '버팀목'이 될 것이다.

학교폭력 피해 학생의 부모 집단 유형 2가지

학교폭력을 당한 아이의 부모는 두 부류에 속하기 쉽다. 하나는 아이의 교육적 경험에 적극적으로 간여하는 부류이며, 다른 하나는 아이의 학교 활동에 덜 개입하는 부류다. 두 부류는 동맹 파트너십을 형성하는 데 있어 모두 장단점이 있다.

학교에 와서 교사와 겁박 받는 자신의 아이에 관해 이야기를 하고, 학교와 관련된 일을 교사와 함께하려는 학부모는 학부모-교사 상호작용의 상세한 사정을 잘 이해하는 경향이 있다. 그러한 학부모는 교직원과 여러 활동에서 적극적인 소통을 하고 있을 것이다. 학교에 '자주 나타나는' 학부모는 학교가 그들의 관심에 대해 책임을 지는 것으로 생각한다. 그들은 교사를 일정하게 사용하며, 통상적인 학부모는 잘 모르는 '교육 언어'조차 이해한다. 또한 아이들의 생활과 능력 등 모든 것에 일일이 관여하고, '하늘에서 감시하여' 우리가 '헬리콥터 부모'라고 부르는 이들도 '자주 나타나는' 부류에 들어간다. 헬리콥터 부모는 자신이 스스로 문제를 해결하려는 경향이 있어 함께 문제를 해결하여야 할 때에 어려움을 제기하기도 한다.

교사는 특히 아이의 교육 경험에 덜 개입하려는 두 번째 부류의 학부모에 대해 잘 알아야 한다. 자신의 아이를 가르치고 있는 교사가 최소한으로 접촉하도록 그들을 막는 것이 무엇일까? 많은 경우 그러한 학부모는 학교가 그들의 이야기에 귀를 기울이지 않는다고 간주한다. 그것이 사실이든 아니든 간에 인식은 그 자체로 현실이 되는 경향이 있다는 점을 상기하자. 그들은 때로 학교 교사의 도움을 받는 것을 주저하는데, 그들이 자신의 학교 경험에서 교사의 도움을 받았던 일이 적기 때문이다. 그러한 학부모는 대부분 무엇인가 '잘못' 되거나, 자신의 아이들이 '말썽을 일으키거나' 혹은 비행을 저지르거나, 교육적 성취에 무엇인가 '어두운 그림자가 있을 때' 이외에는 학교에 오라는 '초청'을 받은 적이 없다. 누가 자신의 아이를 '부적합한' 아이로 간주하는 사람들에게 도움을 받으려고 하겠는가? 우리가 어떻게 해야 이런 학부모가 환영받는다는 느낌을 받으면서 학교에 오겠는가? 그리고 우리는 교육 체계에 낯선 학부모, 특히 영어로 의사소통이 잘 되지 않고, 의식주를 해결하기 위해 깨어 있는 모든 시간을 최저 임금하에서 보내는 이민 학부모와는 접촉도 할 수 없음을 안다. 이민자는 학교 교직원을 존경하며, 우리가 가진 위치 자체로 겁을 먹기도 한다. 주류의 사람들은 이들 그룹에게 교육이 이 나라에서의 삶을 시작하는 데 얼마나 중요한지를 잊어버리는 경향이 있다.

적극적으로 참여하는 학부모와 협력하기

　적극적으로 관여하는 학부모는 자신의 아이에 대한 잘못된 대우에 관해 학교 교직원에게 기꺼이 말하는 것 이상의 태도를 취한다. 그들의 방식은 존경받을 만하며 적정한 선을 지킨다면 괜찮다. 그렇지 않다면 우리가 서로 협력하는 파트너로서 매 순간 같이 토론하고 협력해야지 문제가 해결될 수 있다는 것을 처음부터 이해시켜야 한다.

　### 사례 연구: 적극적으로 참여하는 학부모

　졸렌느 캠피는 4학년 여학생인 한나의 엄마다. 한나는 최근에 엄마에게 그녀가 몇 주 전에 외박을 한 이후 그녀의 이전 친구들이 그녀를 밀어제쳤다는 이야기를 하였다. 한나의 폭로는 엄마 캠피가 지난 일요일 밤에 한나가 방에서 울고 있는 것을 발견한 뒤에 이루어졌다. 한나는 그녀의 친구들이 정상적인 학급 활동에서 자신을 왕따시켰을 뿐만 아니라 다른 4학년 학생들에게 자신에 관해 비하하는 말과 학교 내외에서 한나와 놀지 말도록 권유하는 말을 적은 쪽지를 돌리기 시작하였다고 이야기하였다. 캠피는 한나의 학교에서 적극적인 학부모였지만 다소 감정에 치우치는 경향이 있었다. 캠피가 월요일 방과 후에 한나의 담임 교사를 방문하였을 때, 그녀는 현 상황에 대해 화가 남과 동시에 좌절감을 느꼈다. 담임 교사인 한슨은 그녀가 학교에 오는 것을 모르고 있었다.

부모(이하에서 '모'): 선생님, 오늘 선생님과 이야기 좀 해야겠어요.

교사(이하에서 '교'): 한나 어머니, 저는 어머니가 오시는 줄 모르고 있었어요. 우리가 약속이 되어 있었던가요?

모: 아니에요. 그렇지만 기다릴 수 없는 일입니다. 몇 분만 시간을 내 주세요.

교: 솔직히 말씀드리면 저는 정말 몇 분밖에는 시간이 없습니다. 오늘 오후에 개인적인 스케줄이 있어서 15분 뒤에는 나가 보아야 합니다. 오늘은 필요하신 시간만큼 이야기할 수 없음을 말씀드립니다. 다시 시간 약속을 잡지요. 그런데 무슨 일이 있습니까? 아주 간단히 말씀해 주세요.

모: 물론 한나 때문입니다. 애가 학교에서 친구들에게 학교폭력을 당하고 있다는 것을 주말에 알게 되었습니다. 이는 선생님이 아셔야 하고, 막아 주셔야 합니다.

교: 우리 페데릭펄스 초등학교는 누구라도 학교폭력을 당해서는 안 된다는 원칙을 가지고 있음을 알아 주십시오. 그러나 학교폭력과 놀림은 매번 방지되기가 정말 어렵습니다. 어머니께서 말씀하시니 이제야 왜 한나가 지난주에 보통 때보다 조용했는지 알 것 같습니다. 현재는 어떤가요?

모: (전날 밤 한나에게 들은 것을 이야기한 후 한나에 관한 쪽지를 담임 교사에게 전달한다.)

교: (쪽지를 읽고, 그것이 한나의 명예를 손상시키기 위한 것임을 확인한다.) 확실히 좋지 않은데요. 이러한 정보를 주셔서 고맙습니다. 당장 내일부터 이 문제를 처리하도록 하겠습니

다. 지금은 제가 선약이 있기 때문에 가 보아야 합니다. 이 쪽
지를 제게 주십시오. 내일 이 문제를 다루기 위해 다시 전화를
드리겠습니다. 이런 일이 일어나게 되어 정말 죄송합니다.

모: 정말 약속하시죠?

교: 한나 어머니, 저는 우리 아이들이 학교에서 최상의 시간을
가지기를 바라고 있습니다. 그럴 때 아이들이 더 잘 배우니까
요. 한나가 당한 학교폭력은 모두를 해칩니다. 저는 내일 그
문제를 첫 번째로 처리할 것입니다. 좀 더 도움이 될 수 있도
록 오늘 밤에 몇 가지 생각을 해 보겠습니다. 자, 이제 내일 약
속 시간을 잡도록 하시죠.

모: 선생님께서 이 문제를 해결할 시간이 없으시다면 저는 교장
선생님께 말씀드릴 수도 있습니다.

교: 한나 어머니, 저는 정말 이 문제를 처리할 생각이 있습니다.
그렇지만 말씀드린 것처럼 선약이 있어서 지금은 불가능합니
다. 어머니께서 필요하시다면 언제든지 교장 선생님께 이야
기하셔도 좋습니다. 교장 선생님도 저처럼 이 문제에 관심을
보이실 것입니다. 그러나 교장 선생님 역시 이 문제를 토의하
기 위해서는 저와 내일 만날 수밖에 없습니다.

모: 잘 알겠어요. 그렇지만 한나가 매우 화가 나 있습니다.

교: 잘 알겠습니다. 내일 아침에 그 문제를 처리하겠습니다. 오
늘 밤에도 그 문제에 대해 좀 더 생각해 보겠습니다. 그럼에도
불구하고 어머니께서 교장 선생님을 만나시겠다면 그렇게 하
십시오.

모: 그냥 기다릴게요.

교: 그러면 내일 아침에 바로 전화드리겠습니다. 약속드리지요.

이제 학부모와 교사 사이에 있었던 이 대화를 분석해 보자.

학부모는 화가 나지는 않았지만 매우 흥분한 상태에서 방과 후에 약속 없이 담임 교사를 방문하였다. 그녀는 그 문제가 즉각적으로 논의될 것을 기대하였지만 담임 교사는 그녀에게 지금 많은 시간을 쓸 수 없음을 설명하였고, 그녀는 납득하였다. 담임 교사는 그날 오후의 상황에 대한 경계(boundary)를 설정함으로써 그 조건하에서 진술하게 학부모에게 대응하였다. 교사 역시 자신의 생활이 있고, 아이 문제로 인한 학부모의 약속 없는 방문을 받을 수 있다. 담임 교사는 학부모가 건네준 쪽지를 보고 학부모의 걱정이 바로 해소될 만큼 그 문제가 간단치 않음을 파악하였다. 교사는 단호하였고, 공정하였으며, 상냥하고, 전문적이었다. 그는 그 시간에 그에게 피치 못할 사정이 있음을 분명하게 언급하였다.

학부모는 즉각적으로 교장 선생님을 만나 이야기하겠다고 교사에게 좀 더 높은 수준의 청을 넣었다. 이 상황에서 학부모가 교장실로 가겠다고 한 것은 '누군가가 내 아이의 문제를 처리해 줘.'라는 열망을 표현하는 것이지 담임 교사를 애먹이기 위한 것은 아니었다. 교장에게 가겠다는 학부모의 이야기에 담임 교사는 학부모가 현재 상황에서 필요하다고 생각하는 것에 대한 정보를 주면서 기꺼이 학부모를 돕겠다는 의사를 표시하였다. 여기서 담임 교사는 방어자가 아니었고, 교장에게 도움을 받겠다는 학부모에 대해 놀라지도 않았다. 담임 교사는 학부모가 교장실로 가겠다고 하였을 때 어떻게 처리해야 하는지에 대한 요령을 확실히 알고 있었다. 담임 교사는 학부모가 교장을 만나러 가면, 교장이 문제를 효율적으로 풀기 위해 그 상황에 대한 좀 더 많은 정보를 교사에게 가지고 오라고 할 것이라는 점을 분명히 알고 있었다. 교육에서 두려움은 없다. 특히 교사와 학생, 교사와 학부모, 교사와 행정가 사이에는 더욱 그러하다.

　이 경우 가장 좋은 관계가 이미 교사와 학부모 사이에 형성되어 있었고, 그것은 긍정적인 결과를 가져왔다. 담임 교사는 한나의 가족과 이미 다중의 상호작용을 하고 있었는데, 특히 한나의 엄마는 평소에 한나의 교육 성취와 관련해서 학교와 잦은 접촉이 있었다. 담임 교사는 한나 엄마의 관심을 충족시키기 위해 동료 교사에게 물어 한나의 학습과 관련된 자료와 정보를 한나 엄마에게 제공하곤 하였다. 그는 한나 엄마에게 오늘 그 문제에 깊게 달려들어도 내일 달라질 게 없음을 설명하였다. 여기서 담임 교사는 방어자가 아니었다. 담임 교사는 "어머니가 약속도 없이 왔고, 마침 나는 우리 아이의 음악회를 위해 이미 오래전에 아내와 약속이 되어 있었습니다. 어머니는 제가 당장 한나의 문제를 해결하기를 원하는 것인가요? 한나의 문제를 잘 처리하겠다고 말씀드렸는데, 어머니가 좀 예민하시군요."라고 말할 수도 있었다. 생각은 할 수 있을지 몰라도 그렇게 이야기하는 것은 의사소통의 문을 열어 두는 데 있어서 현명하지 못한 방법이다.

　사실 이 대화에서 담임 교사는 의사소통의 문을 계속 열어 두려고 노력하였다. 담임 교사는 다음 날 아침에 바로 한나 엄마에게 연락을 할 것이라고 하였다(교사가 방과 후에 자신의 시간을 학부모와 접촉하는 데 쓸 수도 있지만 모든 교사가 그렇게 해야 하는 것은 아니며, 그것은 개인적인 결정이다. 종종 교사는 학교 밖에 있을 때도 자신의 업무에서 자유롭지 못한데, 이는 과중한 업무는 물론 아이들에 대한 보호 관심 때문이다. 이에 교사는 일주일 내내 '근무 중'에 있게 된다.). 그는 한나 엄마에게 원한다면 교장 선생님께 가서 이야기해도 된다고 말하였다. 교사가 의사소통에 방해가 되는 부정적인 방식으로 대처한 것은 하나도 없었다. 교사가 무엇을 생각하든지 학부모에게는 질문하고 행동할 수 있는 모든 기회가 제공되었다. 담임 교사는 한나 엄마에게 교장 선생님과 대면하였을 때 나타날 수 있는 것에 대한 정보를 주었다. 학부모가 즉각적인 대응을 지속적으로 요청하였음에도 대화에는 전혀 '숨겨진 의제(agenda)'가 없었다.

그다음 날은 한나 담임 교사에게 바쁜 하루였다. 전날 밤 그는 쪽지의 필적을 반 아이들의 필적과 대조하였고, 이 문제에 어떻게 개입하여야 할지에 대해 필요한 정보를 탐색하였다. 그는 약속한 대로 아침 일찍 한나 엄마에게 전화를 하여 그날 오후에 약속을 잡았다. 그날 오후에 한나 엄마와 담임 교사의 만남에서 다음과 같은 대화가 이루어졌다.

교: 한나 어머니, 이렇게 다시 와 주셔서 고맙습니다. 어제 좀 더 이야기하지 못한 것을 미안하게 생각합니다만 이해해 주세요.

모: 뭐 좀 발견하신 것이 있으세요?

교: 전화상으로 말씀드린 것처럼 저는 교장 선생님과 만나 이 문제에 대해 간단히 말씀을 드렸고, 교장 선생님과 함께 관계된 아이들과 면담을 했습니다.

모: 누군가요? 나도 그중에 둘 정도는 알아요. 다른 아이들은 누구인가요?

교: 학교 규칙상 다른 아이들의 이름은 말씀드릴 수 없습니다. 다른 아이들에 관해서는 한나에게 물어보십시오. 제가 말씀드리는 것은…….

모: 그 아이들이 누구인지 말해 줄 수 없다는 것은 무슨 뜻입니까? 우리 아이에게 못되게 군 아이들에 대해 알 권리가 나에게 있지 않은가요?

교: 이상할 수도 있겠고, 불만스러우시겠지만 법은 교사가 자신의 학생의 처벌 문제를 다른 부모와 논의하는 것을 금하고 있습니다.

모: 옳지 않아요.

교: 어머니의 생각이 맞을 수도 있겠지만 저는 규칙을 따라야만 합니다.

모: 그렇다면 나는 이 문제에 관해 교장 선생님께 이야기하겠어요.

교: 어머니는 필요하다고 생각하시는 것을 하실 수 있으세요. 제가 교장 선생님이 어머니와 이야기하실 수 있는지 알아보겠습니다. 그러나 우선 제가 한나의 문제에 대해 어떻게 대처하

고 있는지를 말씀드렸으면 합니다.

모: 좋습니다, 좋아요. 좀 화가 났을 뿐이에요.

교: 제가 노력하고 있다는 것을 믿어 주세요. (담임 교사는 그가 파악할 수 있었던 사실을 구체적으로 설명하였다. 그는 교장과 논의하였을 뿐만 아니라 학교 상담자인 라자러스와도 논의하였다. 담임 교사와 교장, 상담 교사는 한나에게 필요한 것은 물론 괴롭힌 아이들을 어떻게 할 것인가에 대한 계획도 세웠다.) 여기까지가 현재 학교에서 하고 있는 조치입니다. 혹시 질문이 있으세요?

모: 한나를 위해서 정확하게 무엇을 하실 예정이지요?

교: 다시 한 번 말씀드리면 학교에서는 한나에게 학교가 안전하고, 재미있는 곳이 되도록 할 것입니다. 그리고 동시에 학교에서는 한나 부모님의 도움도 필요로 합니다.

모: 내 도움이요? 왜 내 도움이 필요합니까?

교: 저희는 부모님의 도움 없이 학교에서 할 수 있는 것만을 할 수도 있습니다. 어머니는 이제까지 한나의 학교생활에 적극적으로 관여해 오셨습니다. 아이들에게 있어 부모가 학교생활에서 자신을 지지한다는 것을 아는 것이 얼마나 중요한지 어머니는 알고 계실 겁니다. 동시에 아이들에게 자신이 여타 영역에서 힘들 때도 부모가 자신을 지원하고 있음을 알게 하는 것도 중요합니다. 아이들은 자신의 학교생활이 좋을 때와 마찬가지로 어려울 때도 부모가 들어 주기를 원합니다. 만일 한나가 이 문제를 저희에게 좀 더 일찍 이야기하였다면 저희

는 보다 직접적으로 한나에게 필요한 조치를 바로 취했을 것입니다.

모: 그러면 제가 무엇을 하면 되나요?

교: 먼저 한나에게 한나가 자신의 괴로움을 어머니에게 알린 것에 대해 어머니가 한나를 자랑스럽게 생각하고 있음을 알게 해 주어야 합니다. 현재 한나는 어머니가 매우 화가 나 있는 것에 대해 불안해하고 있습니다.

모: 제가 화난 것은 당연하다고요!

교: 부모가 아이에게 가장 좋은 것을 기대하는 것은 당연하지요. 그렇지만 우리는 한나가 자신이 부모를 화나게 하는 일을 어머니께 알렸다고 생각하지 않기를 바라거든요. 그러면 한나는 앞으로 어머니와 그런 문제에 대해 이야기하지 않을 것입니다. 우리는 한나가 이런 학교폭력에 대해 더 많은 것을 공유하기를 바랍니다.

모: 저는 제가 화내는 것이 딸이 저에게 더 많은 것을 이야기하지 못하도록 하는 것이라고는 미처 생각하지 못했어요.

교: 아이는 우리가 화를 낼 때 온갖 메시지를 전달받습니다. 아이들은 우리가 아이에게 기억하기를 바라는 것만 기억하는 존재는 아니라는 것이지요.

이 시점에서 멈추고 대화를 분석해 보자.

담임 교사는 신뢰를 보여 주었고, 그가 전날 약속한 것을 지켰다. 담임 교사는 그가 전날 말한 대로 행동하였다. 그리고 여러 가지 정보를 학부모와 공유하였다. 물론 그가 주 법 조항(제3장을 참조하라) 때문에 아이들의 이름을 말할 수는 없었지만 그는 학부모와 공유할 수 있는 정보를 모두 말하였고, 그가 말할 수 없는 것은 학부모가 아이와 정보를 공유하도록 장려하였다. 그렇게 함으로써 담임 교사는 학부모의 역할 단계를 설정하고, 학부모-교사 파트너십을 가져올 수 있었다.

한나 엄마가 담임 교사의 말을 수차례 끊었지만 교사는 문제에 초점을 맞추는 것에서 벗어나지 않았다. 초점을 벗어나지 않는 것은 어려운 문제를 논의할 때 정말 중요하다. 감정은 이성을 압도하여 논의를 옆길로 새게 하는 경향이 있다. 누가 내게 소리치면 나는 놀라게 된다. 그로 인해 나는 위협을 느낄 수도 있다. 그러면 나의 DNA는 무엇인가 잘못되었음을 알린다. 내가 위협을 느낀다면 나는 위험에 처할 수도 있다. 그런데 내 몸이 위험 모드로 바뀌면 사고는 정지되고 만다. 나는 싸움, 도망, 혹은 공포로 위축되기의 3가지 중 하나를 할 것이다. 그것은 우리 인간이 위험 상황에서 취할 수 있는 행동으로 프로그램 된 것이다. 우리는 생각하지 않고 먼저 반응한다.

그것은 많은 학부모-교사 논의가 도중에 길을 잃게 되는 이유다. 감정이 고조되면 동물적 반응만이 남게 된다. 의식적인 상황에서는 절대로 나오지 않을 말을 뱉게 된다. 학부모가 무례하더라도 교사는 항상 그들의 입에서 튀어나올 말에 대해 신경을 쓰는 사람이어야 한다. 교사는 혼란 가운데에서도 현명한 사람이 되어야 한다.

담임 교사인 한슨은 한나 엄마와의 대화 내내 초점을 잃지 않았다. 그는 논의되는 이슈를 따라갔다. 그는 한나 엄마가 자신의 딸을 괴롭힌 아이들에 대한 확인을 요구하면서 교장에게 알아보겠다고 하였을 때도 말싸움을 하려 하지 않았다. 그러한 말싸움은 당장의 이슈를 방해하는 요인이다. 이슈를 방해하는 것은 논의와는 전혀 상관없는 것이며, 교사는 이에 휘말리지 않도록 단호해야 한다. 만일 방해하는 것이 정당하다면 그것은 새로운 논제에 끼워 넣어야 한다. 그러나 통상적으로 그러한 흐트러짐은 적절하지 않고, 감정이 개입되어 나타나며, 우리로 하여금 프로그램 된 대로 행동하게 만든다. 항상 열쇠는 초점에 머무른다. 우리가 피해야 할 것은 의사소통의 문을 닫는 부가적인 장벽을 세우는 것인데, 바로 이런 것이 방해꾼이다.

다시 대화로 돌아가자.

모: 그러면 제가 무엇을 했으면 좋겠습니까?

교: 무엇보다도 먼저 어머니가 안전한 장소가 되기 위한 학교의 노력을 지지한다는 점을 한나와 함께 공유하는 것입니다.

모: 제가 거기에 동의하지 않는다면요?

교: 그렇다면 어머니가 정확하다고 믿지 않는 어떤 것도 말하지 마세요. 다만 이 회의가 끝날 때쯤에는 어머니께서 저희가 한나를 위해 무엇인가를 하고 있구나, 하고 느끼시기를 기대할 뿐입니다.

모: 학교에서 뭔가를 하지 않는다고 생각하는 것은 아니에요.

교: 고맙습니다. 우리가 하려고 하는 것은 한나가 우리, 즉 교사,
부모, 급우가 함께 무엇인가를 하고 있고, 그것은 모든 사람
들의 상황을 개선하는 것임을 알도록 하는 것입니다. 만일 어
머니가 한나에게 우리가 팀임을 납득시킨다면 학교는 행복한
곳이 아니라는 한나의 기분을 개선할 수 있을 것입니다.

모: (그 말의 의미를 생각한다.)

교: 한나가 힘들 때 우리가 있음을 알아줬으면 한다는 것과 우리
가 문제를 풀지 못하여도 어떤 측면에서는 한나를 도울 수 있
음을 한나가 알도록 하면 차후에 그런 문제가 발생했을 때 한
나가 정보를 바로 공유할 수 있을 것입니다.

모: 더 이상 이런 문제가 발생하지 않았으면 좋겠어요.

교: 물론입니다. 그러나 현실적으로 아이들은 또래들을 해치는
행동을 합니다. 때로는 자신이 남을 해치고 있는 줄도 모릅니
다. 그것이 우리 아이들의 세계입니다. 그러나 우리는 한나가
우리가 여기에 있음을, 또 학교와 가정에서 상황이 나아지도
록 도울 수 있음을 알기를 원합니다. 이제 교장 선생님이 계시
면 가서 만나 보셔도 좋습니다.

모: 교장 선생님께 갈 필요가 있는지 모르겠습니다. 일이 잘 처
리되고 있다고 생각되네요.

교: 좋습니다. 저희는 어머니가 만족하시도록 일을 처리하겠습
니다. 그렇지만 어머니가 차후에 필요가 있다고 생각하시면
언제든지 어머니와 함께 교장실로 갈 용의가 있습니다. 한나
가 집에서 잘 지내고 있는지를 파악하고, 학교에서는 어떻게

지내는지를 어머니께 말씀드리기 위해 이번 주말에 다시 한 번 뵈었으면 합니다. 무슨 문제가 있으면 언제든지 전화해 주세요. 제 스케줄이 허락하는 한 방과 후나 수업 전에 어머니와 만날 수 있습니다.

학부모와 교사의 만남은 긍정적인 결과를 낳았다. 교사는 원한다면 한나 엄마가 교장을 만나는 것을 돕겠다고 하였다. 협조 모드에서는 학부모를 참여시키기 위한 단기 대처가 가능하다. 그것은 학부모의 참여가 학교와 가정 모두에 왜 중요한지를 학부모에게 설명하는 것이다. 그것은 팀 노력이다. 모두가 참여해야 한다. 아이가 행복할 때 모두가 행복하다.

소극적으로 참여하는 학부모와 협력하기

소극적으로 참여하는 학부모에게는 다른 방법으로 대처해야 한다. 그러한 학부모는 몇 가지 이유로 학교와의 접촉이 제한되어 있다. 정확하게 그 이유가 학교 교직원과 관계가 있든 없든 간에 최소한 교사는 그러한 학부모가 교사-학부모 상호작용을 줄일 수 있는 부가적인 장벽을 제공해서는 안 된다.

이미 언급한 것처럼 소극적인 학부모는 과거에 학교 교직원과 부정적인 접촉을 가졌을 가능성이 높다. 그 경우 학부모는 학부모-교사 회의가 어렵다고 생각할 것이 분명하다. 이는 특히 아이들이 정학이나 그 외의 처벌을 피하기 위해서는 학부모의 출석이 요구되는 비행을 저질렀을 때만 학교에 오는 학부모의 경우에 그러할 것이다.

사례 연구: 소극적으로 참여하는 학부모

엔리코 로자스는 13세인 펠리페의 아빠다. 펠리페는 최근에 7학년 체육 수업을 빠졌다. 그의 체육 선생님인 수터필드는 펠리페를 불러 무슨 일이 있었는가를 묻는 과정에서 급우들이 펠리페를 놀리기 때문에 수업에 빠졌다는 것을 알게 되었다. 수터필드는 펠리페의 집에 전화를 걸어 그의 엄마에게 이 사실을 이야기하였고, 펠리페의 엄마는 그것을 남편인 로자스에게 이야기하였다. 펠리페의 부모는 학교 회의에 참석한 일이 없었다. 펠리페는 장남이었다. 펠리페의 아빠가 수터필드 선생님을 만났을 때, 그는 그에게 그러한 상황이 매우 어색하다는 것을 느꼈다.

> 교사(이하에서 '교'): 로자스 씨, 학교에 오신 것을 환영합니다. 저는 펠리페의 체육 교사인 수터필드입니다. 오늘 이렇게 시간을 내 주셔서 고맙습니다. 앉으세요.
>
> 부모(이하에서 '부'): (웃으면서 고개를 끄덕이지만 말은 없다.)
>
> 교: 펠리페가 체육 수업에 결석한 것에 대해 논의하게 되어 안타깝게 생각합니다. 무엇인가 실질적인 것을 논의하였으면 합니다.
>
> 부: (끄덕이며 다시 웃는다. 로자스는 그 상황에서 자신의 역할

이 무엇인지에 대해 잘 모르고 있음이 분명하다.)

교: 저에게 묻고 싶은 것이 있으시면 어떤 것이든지 자유롭게 물어보세요. 제가 문제 삼는 것은 펠리페가 제 수업을 빠진 것이 아닙니다. 우리는 아이가 수업에 빠진 이유를 알아야 하고, 그래야 향후에도 그런 문제가 발생하지 않을 수 있습니다.

부: 어젯밤에 아이와 이야기를 했습니다. 아이는 다른 애들이 자기를 놀리기 때문에 체육관에 가는 것이 두렵다고 했습니다. 우리는 아이에게 수업에 빠지는 건 나쁘다고 말했습니다.

교: 펠리페가 어젯밤에 부모님께 이야기했다고 말하더군요. 우리는 아버님이 그렇게 말씀해 주신 것에 대해 감사드립니다. 오늘 그 문제에 관해 이야기했으면 합니다. (수터필드는 펠리페를 괴롭힌 아이들을 학교에서 어떻게 처리하였는가에 대해 구체적으로 설명하였다.) 아드님에게 무슨 일이 일어났는지 빨리 알아차리지 못해서 죄송합니다. 저는 펠리페가 수업에 나타나지 않아 그냥 학교에서 집으로 갔다고 생각했습니다. 나중에 펠리페를 불러서 이야기를 듣고 문제를 일으킨 아이들이 펠리페에게 버스가 올 때까지 체육관 뒤에 숨어 있도록 강요하였던 것을 알게 되었습니다. 제가 이제 무슨 일이 일어났는지를 알았고, 학교는 다시 이런 일이 일어나지 않게 할 수 있어서 다행입니다. 질문이 있으신가요?

이제 로쟈스에게 무슨 일이 일어났는지 분석해 보자. 교사는 대화를 제기하였고, 학부모에 대한 존경심을 전달하였다. 교사는 즉각적으로 상황의 어색함을 판단하고 상호작용에서 일어나는 문화적 변수에 대처하였다. 로자스의 학교 방문이 처음이었기 때문에 수터필드의 목표는 가능한 한 대화가 위협적이지 않도록 하는 것이었다. 교사는 학부모가 질문할 수 있는 기회를 많이 주었고, 장려하였다. 교사는 그 상황이 로자스에게는 어색하였기 때문에 로자스가 질문하는 것을 편안하게 느낄 때까지 시간이 걸린다는 것을 간파하였다. 학부모는 교사에게 경의를 표하고, 교사를 어려워하며, 상호 대화에서 교사가 더 우월한 지식을 가지고 있는 것으로 인식하기 때문에 교사에게 질문하는 것 자체를 권위에 대한 도전이나 무례함의 표시로 생각할 수도 있다. 이러한 교사에 대한 경의는 문화적인 것일 수도 있고, 혹은 교사-학부모 만남에서 어떻게 해야 할지 익숙하지 않음에서 기인하는 것일 수도 있다. 어쨌거나 수터필드 교사는 로자스에게 질문할 기회를 많이 주었으며, 질문을 해도 괜찮다는 것을 그에게 확신시키기 위해 노력하는 현명함을 보였다.

다시 대화로 돌아가자.

부: 펠리페는 수업에 빠져서 어떤 벌을 받게 되나요?

교: 이 상황에서 펠리페는 많은 처벌을 받지 않습니다. 제가 펠리페에게 수업에 빠진 잘못을 이야기하였고, 펠리페가 빠진 수업은 숙제로 보충해야만 한다는 것을 알렸습니다.

부: 그러나 펠리페가 수업에 빠진 것은 잘못입니다. 우리는 그렇게 하도록 가르치지 않았습니다.

교: 당연합니다. 저도 펠리페가 친구들에게 겁박을 받고 있고, 또 자신이 원해서 수업에 빠진 것이 아니었음을 믿습니다. 펠리페는 저나 다른 선생님에게 이야기함으로써 자신이 조롱당하는 것을 끝낼 수 있음을 몰랐습니다. 그래서 교장 선생님과 이야기하여 펠리페가 수업에 빠진 것을 처벌하는 것보다 학교폭력 문제를 해결하는 데 손을 썼던 것입니다. 펠리페를 처벌하는 것은 누구에게도 도움이 되지 않습니다.

부: 고맙습니다. 우리가 집에서 수업에 빠진 것에 대해 혼내겠습니다.

교: 어떻게 하실 것인지 이야기해 주시겠어요?

부: 일주일 동안 텔레비전을 보지 못하게 하고, 비디오 게임도 못하게 하겠습니다. 펠리페는 오직 학교 숙제와 관련해서만 컴퓨터를 사용할 수 있을 것입니다.

교: 펠리페에게 어떻게 하실 것인지 알겠습니다. 그렇지만 저는 펠리페가 다시는 수업에 빠지지 않을 것이며, 학교폭력이 일어나지 않는 한 그런 일이 없을 것임을 믿습니다.

부: 우리가 아이를 학교에서 잘못 행동하도록 기르지 않았음을 알아주세요.

교: 로자스 씨, 저는 펠리페가 평소에 어떻게 행동하는지를 알고 있습니다. 펠리페는 점잖고, 공손하며, 학업에 열의가 있습니다. 지난번에는 펠리페가 어찌할 바를 모르는 상황에 처했던 것입니다. 그 점에 대해서는 제가 사과를 드립니다.

부: 고맙습니다.

교: 우리가 펠리페를 돕기 위해 청을 하나 드리겠습니다.

부: 어떤 것이든지요.

교: 펠리페는 그 사건에서 자신도 무엇인가 잘못한 것이 있다고 느끼고 있습니다.

부: 예, 그렇게 들었습니다.

교: 펠리페 어머니와 함께 펠리페에게 이야기해서 수업에 빠진 것은 잘못이지만 어쩔 수 없는 처지였으므로 자신의 잘못이 아님을 알려 주세요. 펠리페가 자신의 행동에 대해 책임을 질 때 학교와 가정에서 지원하고 있다는 것을 펠리페가 알 필요가 있습니다. 수업에 빠진 것이 우리가 바라는 바는 아니지만 우리가 펠리페의 행동을 이해하고, 그런 상황이 다시 온다면 어떻게 행동해야 할지를 펠리페가 아는 것이 더욱 중요합니다.

부: 우리 부부는 그렇게 할 수 있다고 생각됩니다.

교: 좋습니다. 내일 혹은 모레에 저를 만나서 펠리페와의 대화가 어떻게 진전되고 있고, 아이의 태도 등이 어떻게 달라졌는지를 알려 주십시오. 저희 교사들은 아이들이 공부나 사회생활의 문제를 처리하는 것을 배우는 데 있어 부모님이 교사를 돕는 동등한 파트너라고 생각합니다. 전화 한 통 걸어 주시는 것도 좋은 방법입니다. 저는 이번 주말 정도에 로자스 씨나 펠리페 어머니를 만나서 학교에서 펠리페가 어떻게 지내는지를 알려 드릴 것입니다.

부: 그것이 좋겠습니다.

교: 로자스 씨, 오늘 학교에 와 주시고, 펠리페를 위해서 학교가

더 나은 장소가 되는 데 협조해 주셔서 감사드립니다. 언제든지 환영합니다. 자유롭게 전화 주시거나 방문해 주세요. 그리고 만일 가능하시면 다음 달에 예정된 학기 중 학부모-교사 회의에 부모님 두 분 중에 한 분이라도 참석해 주시면 고맙겠습니다. 펠리페는 영특한 아이이고, 다른 선생님도 펠리페를 칭찬하며, 아이의 능력을 높이 사고 있습니다.

로자스와의 대화 후반에 무슨 일이 있었는가? 수터필드 교사는 학부모가 가정 내 훈육에 권한이 있음을 주지시켰다. 학부모는 그들이 하는 훈육이 학교 훈육과 관계될 때 그것이 적절한지를 잘 알 수가 없다. 가정의 훈육은 가정사이지만 아이들에게 위험이 되거나 혹은 너무 과도할 수 있기 때문에 보고될 필요가 있다. 이에 가정의 훈육은 교사의 관심사항이 되며, 교사는 펠리페에 대한 부모의 처벌이 과도하거나 가혹하지는 않은지 알 필요가 있다. 자식의 행동에는 부모의 책임이 있기 때문에 그 훈육을 학교와 병행해서 한다면 학습을 유도하는 장치로 강력하게 기능할 수 있다.

아이가 수업에 빠진 것에 대한 학교의 대처는 무엇인가? 교사는 펠리페에게 '문제 해결의 지형'을 적용하도록(이에 대해서는 제10장에서 논의한다) 교장과 협의하였다. 수터필드 교사는 그러한 상황에서 가장 좋은 훈육이 무엇일까를 결정하는 데에 펠리페와 의논하는 것이 좋다는 것을 믿었다. 수터필드 교사는 펠리페가 정말로 수업에 빠지려 한 것이 아니라 급우들의 악행을 피하기 위해서였음을 믿었고, 따라서 수터필드의 펠리페에 대한 훈육은 교칙 위반

보다는 문제의 원인을 치유하려는 데 두어졌다. 수터필드는 교장에게 그 문제를 '넘긴' 후 '처벌 규정을 적용하기'보다 본인이 책임을 지고 펠리페에 대한 처벌은 없는 것으로 하였다. 이러한 교사의 행동은 학부모에게 믿음을 주었고, 교사가 펠리페의 문제를 직접 처리하는 데 있어 충분히 의지할 만하다는 것을 인식시켰다.

이 대화에서 펠리페가 한 차원으로만 판단된 것은 아니다. 수터필드 교사는 다른 교사도 펠리페의 평상시 학교생활 및 학습 태도에 대해 좋은 평가를 내리고 있음을 참조하였고, 이번 일만으로 펠리페를 평가하지 않았다. 로자스는 그 이야기를 들으면서 학교 교직원이 단순히 수업에 빠진 것에만 초점을 맞추지 않고 아이를 전체적으로 보려 한다고 이해하였다. 이는 로자스와 같이 덜 적극적인 학부모로 하여금 문제가 있을 때만 학교에 와야 한다고 생각하는 것이 아니라 학교가 매우 도움이 되는 장소라고 느끼게 할 확률을 높인다.

수터필드 교사는 문제 해결에 있어 아이의 성공 기회를 증진시키려면 교사-학부모 협조가 정말로 필요함을 보여 주려고 노력하였다. 로자스는 그가 가정과 학교의 해결에 있어서 교사와 '동등한 파트너'임을 인식하였다. 학부모는 학부모-교사 협조의 증거로서 가정에서의 노력이 어떤 진전을 보이는지에 대한 정보를 교사와 공유하도록 초빙되고 있다. 분명하게 수터필드 교사는 펠리페 문제의 해결을 위해 학부모를 다시 초청하고 있다. 펠리페의 교육적 성취에 가정을 끌어들이려는 노력의 증거로서 수터필드 교사는 로자스의 가족이 펠리페의 학교생활에 관해 학교와 접촉하는 것이 언제나 환영되고 있음을 주지시키고 있다. 더 나아가 수터필드 교사는 다음 달에 있을 학부모-교사 회의에 펠리페의 부모가 참석하도록 권유하고 있다. 의사소통의 통로를 열어 두려는 모든 노력이 이루어지고 있다. 학교와의 접촉이 제한되어 있는 학부모에게도 교사가 교사-학부모 동맹을 이루기 위해 함께 협력하자는 초청을 반복적으로 보낼 필요가 있다.

'체크리스트 4-1'과 '체크리스트 4-2'는 적극적으로 참여하는 학부모, 덜 적극적으로 참여하는 학부모를 대처하는 데 있어서 주요한 포인트를 요약하고 있다.

♥ **체크리스트 4-1**

학부모-교사 파트너십을 공고히 하기 위해 학교폭력을 당하는 아이의 (소극적인) 부모 격려하기

학부모 존경

문화적 변수 고려

낮은 위험 수준으로 논의하기

학부모가 질문하도록 격려

가정의 권위자로서 학부모 인정

문제 해결의 지형 적용

문제에 지속적인 초점 맞추기

향후 조치에 대한 설명

아이의 학교생활 전반에 대한 긍정적 측면 강조

학부모-교사 파트너십의 중요성 강조

학교와 자주 접촉하도록 학부모 초대

학부모의 도움은 언제나 환영함을 학부모가 알게 하기

♥ 체크리스트 4-2
- -

학교폭력을 당하는 아이의 부모가 적극적일 때 대화하기

문제 해결의 참여자로서 학부모 격려
팀 구성원으로서 학부모의 역할을 이해하도록 격려
'3F'의 실행—단호하되(firm) 공정하고(fair) 친밀하게(friendly)
대응을 분명하게 하기
학부모의 관심에 협조적임을 나타내기

방어적이지 않기
이전의 긍정적인 관계 활용하기
의사소통 통로 열어 두기
숨겨진 의제 피하기
선의를 가지고 행동하기
간과한 것에 대한 책임 있는 수용
학부모가 가정에서 아이와 논의를 지속하도록 격려
집중하고, 초점을 흐트러뜨리는 것 피하기
즉각적 관심을 치유하기 위한 단기 계획 짜기
긍정적 결과 제시로 회의 끝내기

'뒤집힌 커브'와 긴장 사이클

참석자가 불편함이나 타인에 대한 불신을 느낄 때 작동되는 것
은 긴장의 증가다. 긴장은 문제 해결의 효과성을 감소시킨다. 우
리가 알고 있는 오래된 이론인 생산성과 불안의 '뒤집힌 커브

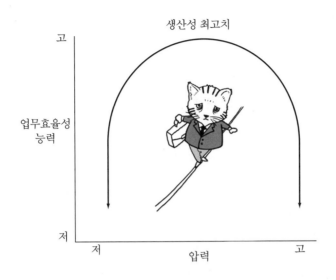

생산성 최고치

고

업무효율성
능력

저

저　　　　　　　　　　　　고
압력

[그림 4-1] 생산성과 불안의 뒤집힌 커브: 스트레스가 증가하면 생산성도 감소

(inverted curve)' ([그림 4-1])를 기억하라. 불안이 클수록 개인은 덜 효과적인 수행을 하게 된다.

학부모가 성내는 태도로 교사를 만나면 교사 역시 성내는 태도로 그들을 맞을 수 있는데, 그 경우 최선의 문제 해결로 가는 교사의 능력이 방해받을 가능성이 높다. 뒤집힌 커브 이론은 (우리가 집의 소파에 앉아 리모컨으로 텔레비전 채널을 돌릴 때처럼) 긴장이 없을 때는 이완의 기분이 우리를 있는 그대로 두게 만듦으로써 성취를 이루는 반면에 너무 긴장이 많으면 여러 가지 이유로 성취되는 것이 없다는 것이다. 긴장이 고조될수록 우리는 더 많은 실수를 한다. 우리의 '진화적 두뇌'는 받아들이기는 하지만 창조적일 수 있는 인지 능력을 가지고 있지는 않다. 반면에 진화의 흔적은 우리로 하여금 생존, 즉 싸우거나 도망가거나 꼼짝하지 않는 것을 생각하게 한다. 확실히 두려움은 문제 해결의 능력을 발휘하는 데 주요한 역할을 한다.

최적의 생산성은 뒤집힌 커브의 정점에서 나타난다. 소파에서 뒹구는 것과 미칠 정도의 두려움 사이의 어디에선가 문제 해결의 열반이 존재한다. 우리는 그것을 원할 때 무언가를 하는 데 충분한 관심을 가질 수 있다. 그러한 교사가 학부모와 공유하는 '관심'은 바로 아이들의 행동이다. 계획은 문제 해결을 위한 합리적인 길에서 관심을 유지하는 좋은 수단이다. 우리가 함께하기 어려운 그룹이나 개인과 접촉할 때 우리의 불안은 고양되고, 우리의 생산성은 뒤집힌 커브에서 아래로 곤두박질치게 된다.

어려운 상호작용 중에 나타나는 불안과 긴장은 서로를 키워 가는 경향이 있다. [그림 4-2]는 학부모-교사 상호작용에서의 자기 파괴적인 순환을 회의에서 불안해하는 학부모를 예로 들어 시각적으로 표현한 것이다. 솔직하게 이야기하면 누가 더 불안해하는가는 문제가 되지 않으며, 나쁜 순환은 동일하다. 우리는 생산적이지 않은 학부모-교사 회의에서 무엇이 일어나는지를 보여 주기 위해 불안해하는 학부모의 예를 계속 사용할 것이다.

학교에 오는 불안 많은 학부모는 그들 자신을 '방어기제'로 단단히 무장할 필요성을 느낀다. 그러한 방어기제는 그들이 학교 교사를 만나는 이유에서 기인한 방어적인 태도일 수 있는데, 그러한 방어적인 태도는 그 자체만으로 교사에 대한 공격적 접근으로 나타난다. 좀 더 기다리고 살피는 온건한 태도를 취하기보다 공격하

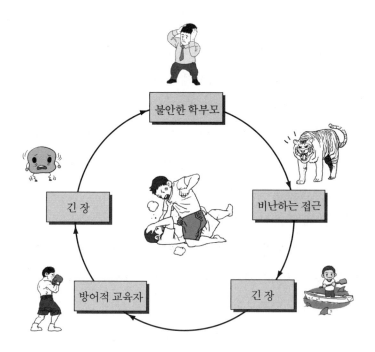

[그림 4-2] 불안해하는 학부모와 교사의 상호작용에서 나타나는
자기 파괴적인 순환

* 긴장 사이클: 교육자에게 접근할 때 불안한 학부모는 자신은 물론 교육자
도 긴장하게 만든다. 그 결과 양자가 상호 관심사의 문제를 해결하는 데 요
구되는 협력적 동맹을 발달시킬 수 있는 중요한 기회를 놓치게 된다.

는 학부모는 그 모임을 통제하려는 전략에서 그렇게 하는 것이다.
이러한 통제의 욕구가 학부모의 두려움에 의한 것이든, 혹은 잘
고안된 것이든 간에 그 결과는 언제나 동일하다. 즉, 그러한 통제
욕구는 학부모와 교사 사이의 긴장을 고조시키는데, 학부모의 공
격을 인식한 교사는 방어적으로 반응할 필요를 느끼게 된다. 학부

모의 공격에 대한 교사의 대응은 그 양자 사이의 긴장을 더욱 고
조시키며, 학부모로 하여금 '나와 아이를 지키기 위해서' 학교에
왔다는 사실을 다시 한 번 상기하게 한다. 그 예언은 자기 충족이
되고, 긴장이 고조되어 통제에서 벗어나며, 아무것도 얻어지지 않
은 채로 학부모와 교사는 그러한 상호작용에 대해 끔찍한 감정을
가지게 되고, '이것이 마지막이고 더는 없어.'라는 기분으로 다음
의 만남 스케줄을 세울 생각조차 들지 않게 된다.

　이러한 자기 파괴적인 순환으로 빨려 들어가지 않을 수 있는 길
이 있다. 그것은 바로 우리가 학부모에게 공격받을 때 그것을 되
받아치려는 경향을 가지는 그 시점에서 발휘되어야 한다. [그림
4-3]은 교사가 학부모의 방어적인 태도에 대해 즉각적으로 반응
하지 않을 때 어떤 일이 나타나는지를 보여 준다.

　학부모-교사 회의에서 긴장이라는 블랙홀을 피하는 열쇠는 학
부모의 도발에 대한 반응을 삼가는 것이다. 학부모의 도발에 반응
하는 것은 이미 방 안에 지펴진 불에 감정의 기름을 들이붓는 것
과 같다. 학부모의 공격에 직접적으로 대응하지 않으면 공격자의
'싸움 전략'은 빗나가게 된다. 학부모는 더 이상 상황을 통제하지
못하며, 싸움의 불을 지피려 하나 불붙일 것이 없게 된다. 학부모
의 공격에 대한 우리의 중립적인 대응은 싸움에 연료를 끼얹는 것
이 아니라 물을 끼얹는 것이다. 그러한 대응은 화가 난 학부모를
진정시킬 것이다.

- "이 문제에 많은 관심을 보이시는 것은 당연합니다. 부모님

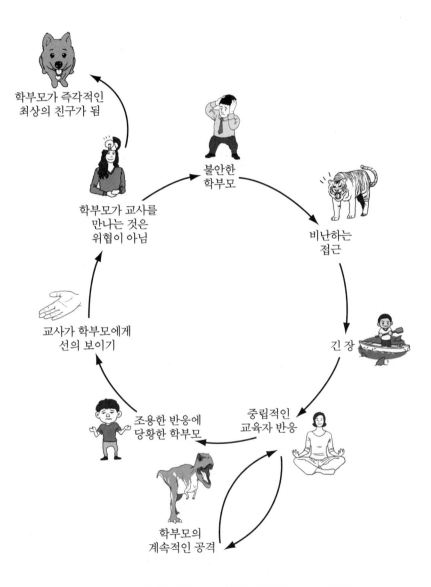

학부모가 즉각적인
최상의 친구가 됨

불안한
학부모

학부모가 교사를
만나는 것은
위협이 아님

비난하는
접근

교사가 학부모에게
선의 보이기

긴 장

조용한 반응에
당황한 학부모

중립적인
교육자 반응

학부모의
계속적인 공격

[그림 4-3] 불안해하는 학부모와 교사의 상호작용에서 나타나는
자기 파괴적인 순환에서 벗어나기

이 저희와 함께 이 문제를 풀려는 열의가 얼마나 깊은지 알겠습니다."
- "벌어진 일에 대해 부모님이 많은 관심을 보여 주셔서 감사드립니다. 부모님의 열정이 저희와 함께 문제를 해결하는 가운데 지속되었으면 합니다."
- "부모님의 적극성에 감사드립니다. 문제를 풀기 위한 저희의 계획에 함께하시면 매우 도움이 될 것입니다."
- "시작하기 전에 제가 할 수 있는 일은 이 회의가 과거에 머무르기보다는 앞으로 전진하는 것임을 부모님에게 납득시키는 것입니다."

요령은 예의 없고, 공격적이어서 회의의 진행에 방해가 되지 않는 한, 가시 돋힌 학부모의 말에 직접적으로 대응하지 않는 것이다. 학부모는 종종 학교에 도착할 때 불안이 극에 달하며, 때로는 그러한 불안이 그들이 원하지 않는 방식으로 튀어나오기도 한다.

자기 파괴적인 회의와 진정시키는 회의의 접근이 [그림 4-2]와 [그림 4-3]에 요약되어 있다. 다시 한 번 강조하지만 통제를 벗어나는 회의를 피하는 방법은 적절하게 긴장을 유지하되, 초점을 흐려 회의를 통제하려는 학부모의 미끼를 물지 않는 것이다. 이러한 접근법을 기억하면 우리가 다음에 다루는 학교폭력 가해 학생의 부모 집단에 대한 대처도 어렵지 않을 것이다.

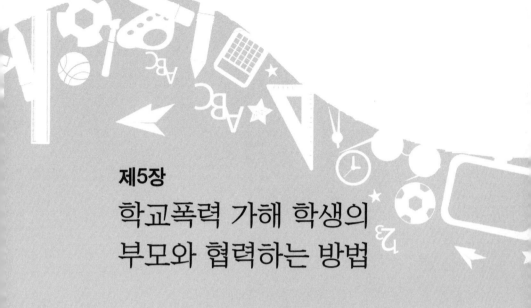

제5장

학교폭력 가해 학생의 부모와 협력하는 방법

학교폭력 가해 학생의 가정에 대해 알아 두어야 할 것

텔레비전이 아이들과 학교폭력에 미치는 영향

'짧고 간단히 하는 것'은 모두에게 성공의 기회를 증가시킨다

제5장 학교폭력 가해 학생의 부모와 협력하는 방법

학교폭력을 당한 아이의 부모와 함께하는 것은 어렵고, 어색하지만 학교폭력을 행하는 아이의 부모와 함께 문제를 치유하는 것 역시 큰 도전이다. 우리는 아이가 그러한 겁박 행위를 누구에게서 배우는지를 발견할 것이다. 에론, 후스만, 그리고 젤리(Eron, Huesmann, & Zelli, 1991)가 언급한 것처럼 "개인 간의 문제 해결을 하는 데 있어 특징적인 방법으로서의 공격은 생애의 어린 시기에 나타나며, 거기에 관해서는 많은 축적된 데이터가 있는데, 이는 시간과 장소에 관계없이 상대적으로 안정적이다."(p. 169) 그러나 그렇지 않은 경우도 있다. 주의를 기울이면 어떤 가족이든지 그 안에 공격적인 아이를 가지고 있을 수 있으며, 그 아이는 집안 누구에게서도 그러한 행동을 배우지 않았을 수 있다.

학교폭력 가해 학생의 가정에 대해 알아 두어야 할 것

다른 아이를 겁박하는 아이가 있는 가정에 대해 우리는 무엇을 알아야 하는가? 우리가 첫 번째 사례 연구로 가기 전에 몇 가지 알 아 두어야 할 점이 있다. 주의를 기울여야 할 가장 중요한 단어가 있을 수 있다. 릭비(Rigby, 1993)가 지적한 것처럼 "남을 괴롭히는 아이에게 있어 높은 수준의 공격성은 가정의 영향이나 가족과는 독립적으로 발전되어 왔을 가능성이 크다."(p. 511)

남을 괴롭히는 아이로 분류된 아이들에 대한 연구에서 그들은 표준 이상의 스트레스와 갈등이 있는 가정에서 자랐을 가능성이 있다고 밝혀졌다(Schwartz, Dodge, Pettit, & Bates, 1997; Smith & Myron-Wilson, 1998; Stern & Azar, 1998). 이들 가족은 다른 가족 보다 더 융합되어 있을 수 있으며, 아이들에게 힘 있는 사람이란 모든 결정을 내리는 사람이라는 메시지를 전달하는 경향이 있다 (Bowers, Smith, & Binney, 1992). 이러한 역동은 외적 통제 소재를 유도하는데, 이는 공격적인 사람으로 하여금 보다 강력한 적에 의 해 영향을 받지 않는 한 그들의 행동이 받아들여질 것이라고 생각 하게 한다. 진전된 연구에서는 괴롭히거나 학교폭력을 당하는 (Bowers, Smith, & Binney, 1994, p. 215에서 가해자/피해자 범주로 묶인다) 아이들은 의미 있는 남성, 특히 아버지의 역할 모델이 결 여된 경우가 많음을 지적한다. 가해자/피해자 범주는 부모와의 관 계에 어려움이 있고, 그들의 부모가 따뜻하지 않다고 믿을 가능성 이 크다. 릭비(1993; 1994)는 누군가와 연결되어 있음을 자주 느끼 는 아이들은 좀 더 사회적으로 행동하고, 다른 아이들을 공격하지 않을 가능성이 크다고 하였다. 반면에 괴롭히는 청소년은 남성이 나 여성 모두 그들의 가족에 대한 동정심이 적고, 이해의 마음도

적으며, 가족으로서 잘 기능하지 못하는 범주로 분류될 가능성이 크다고 하였다.

우리는 원가족과 행동 모방 기제의 연계를 보기 위해 기존의 연구를 이용할 수 있다. 만일 우리가 괴롭히는 아이들을 그들 가정의 산물로서만 간주한다면 우리는 집에서는 얌전하게 행동하고 밖에서는 공격적인 행동을 발전시킨 아이들의 비행으로 당황하는 학부모의 곤경을 놓치게 된다. 나는 워크숍에서 화가 나서 나를 호되게 꾸짖는 엄마를 만났는데, 내가 모든 학교폭력은 부모에게서 배웠기 때문에 그것이 부모의 잘못인 것처럼 말하였다는 것이다. 나는 그것은 정확하게 내가 말한 것이 아니었음을 밝혔고, 아이들이 못된 행동을 방송 미디어나 사회에서 배워 그들의 삶으로 '폭력적인 행위가 스며들' 수 있음을 강조하였다. 그 엄마는 자신의 아들이 공격적인 성향을 가지고 있음을 알고 있었고, 그녀와 아들이 학교 당국에게 받은 대접에 의해 상처를 받았으며, 아이가 가정에서 학교폭력 행동을 배웠다고 하는 공동체 내의 인식에 화가 나 있었다. 나는 정중하게 그녀에게 그녀가 내가 한 이야기의 전부를 듣지 않았음을 설명하였지만 선별적인 청취와 개인적인 분노는 그녀가 그녀의 좌절을 극복하지 못할 정도로 컸음이 분명하였다. 그녀는 나에게 개인적으로 화가 난 것이 아니라 학교 교직원이 그녀 아이의 행동 이외의 것을 볼 수 있는 능력이 없다는 것에 대해 화가 났으며, 학교 교직원이나 행정가에게 실망하고 좌절하였음을 인정하였다.

반두라, 로스와 로스(Bandura, Ross, & Ross, 1961)의 텔레비전

에서 배우는 모방행동(보보 인형 실험)에 대한 연구가 시작되었음에도 불구하고 사회는 단지 가능성 있는 아이들이 미디어에서 본 것을 모방한다는 점을 인식해야 함을 투덜거리면서 인정하기 시작하였다. 이러한 느려 터진 인정의 이유 중 하나는 미디어가 그들의 자원을 이용해 우리의 눈과 귀를 막고, 우리로 하여금 그것이 어린이들의 생활에 영향을 미치지 않는다고 믿게 하였던 것이다. 우리는 학교폭력의 피해자가 가해자에게 보복하기 위해 학교에 자신의 무기를 가져오기 시작해서야 그것을 믿기 시작하였으며, 아이들이 비디오 게임과 텔레비전, 인터넷에서 그러한 생각을 얻었음을 인정하지 않을 수 없게 되었다. 결국 우리는 반두라 등의 연구가 옳았음을 인정하게 되었다.

텔레비전이 아이들과 학교폭력에 미치는 영향

학부모는 텔레비전의 발명 뒤에 그것을 알았고, 교사는 학부모가 가정에서 인식하기 전에 학교에서 이미 그것을 보았다. 아주 단순하게 "아이들은 텔레비전에서 폭력적인 장면을 많이 보면 그것을 정상적이고 또 삶에 받아들일 수 있는 것으로 간주할 가능성이 높다."(Perlmutter, 1994) 텔레비전이 아이들에게 미치는 영향에 관한 뚜렷한 사례 중 하나는 1970년대에 캐나다의 변방 지역에 텔레비전이 도입된 뒤로 초등학교 아이들의 공격적 행위와 육체적 공격이 160% 증가하였다는 것이다(Centerwall, 1992; Williams,

1986). 공격적인 미디어의 이미지를 더 많이 접하면서 카이저 가족 재단(Kaiser Family Foundation, 2003, 2005)에서는 6세 이하 아이들의 36%가 그들의 방에 텔레비전이 있고, 39%는 일주일에 몇 차례나 컴퓨터를 하며, 65%는 텔레비전 세트가 있는 가정에서 살고 있어 "아이들이 매우 어린 나이에 폭력에 관한 그들의 태도를 학습(하고 지속)할"(American Academy of Pediatrics, n.d.) 확률을 높인다는 것을 추정하였다. 추정 결과, 18세까지의 아이들은 매주 23~28시간 동안 텔레비전을 보고, 그러한 가운데 20만 건 이상의 폭력적 장면에 노출되는데, 그중 4만 건은 살인 장면이었다(Hurst, 2004). 1990년대 프로그램의 60% 이상이 폭력을 담고 있으며(U.S. Office of the Surgeon General, 2001), 최근의 신경정신과 자료에서는 폭력이 주제인 비디오 게임은 두뇌의 감정 각성 영역에 직접적인 영향을 미친다고 발표하였다(Morley, 2006; Reinberg, 2006). 학교폭력 가해 아이는 자신의 생활에서 매일같이 보게 되는 것을 모방하고, 교육자는 이러한 아이의 부모와 함께 학교폭력 행위에 대해 논의해야 하는 것은 얼마나 이상한 일인가?

사례 연구: 공격적인 아이의 부모

제니 페퍼는 다른 소녀들을 괴롭히는 것으로 몇 차례 보고가 된 6학년 여학생이다. 제니는 매우 명랑하다. 그녀의 활동 중 많은 부분은 선생님들의 '레이더망'이 포착되지 않는 곳에서 이루어졌고, 그것은 그녀에게 학교폭력을 당한 아이들의 불만이었다. 그녀는 자신이 좋아하지 않는 학생들에 대해 나쁜 소문을 퍼뜨린 것으로 고발되었다. 또한 제니는 여학생 화장실에 컴퓨터로 인쇄한 비방 쪽지를 붙인 것으로 고발되었다. 제니는 영악했기 때문에 그녀의 활동은 최근에서야 발각되었다. 지난 몇 주간의 비행에 대한 교사들의 추적 끝에 그녀는 특히 말리카를 비방하는 일의 주모자인 것으로 확인되었다. 제니의 담임 교사인 윌슨은 제니의 엄마인 페퍼 부인을 소환하였다.

> 교사(이하에서 '교'): 이렇게 와 주셔서 고맙습니다, 페퍼 부인.
>
> 부모(이하에서 '모'): 그래요. 오긴 왔지만 무엇이 문제인지는 모르겠군요. 제니가 선생님이 나를 보자고 한 이유를 말했지만 나는 그게 큰 문제가 되는지 모르겠습니다. 그것은 일상적인 애들 장난 아닌가요?
>
> 교: 제니가 이 사안에 대해 정확히 어떻게 이야기하였는지요?
>
> 모: 제니가 친구들을 수차례 구박했다는 것을 선생님이 알게 되었다고 하더군요. 실제로 제니는 한두 차례 구박했고, 그것도 한 아이, 이름이 말리카라나…… 그 아이에 대해서만 그랬는데, 그것은 말리카가 제니와 친구들의 사이를 이간질해서 친구들이 제니를 멀리하였기 때문이라는군요. 나에게는 제니가 단지 자신을 방어했었던 것으로만 보이는데요.

여기서 잠깐 멈추어 페퍼 부인이 학교에 어떤 지레짐작을 하고 왔는지를 살펴보자.

페퍼 부인이 딸의 비행 때문에 학교에 오라고 요청을 받은 것에 대해 유쾌하지 않음은 분명하다. 그녀의 방어적인 언사는 첫마디에서 시작되고 있다. 더욱이 제니의 엄마는 딸이 벌을 받을 이유가 없다는 것을 확신하고 있다. 그녀가 보기에 제니의 행동은 다른 아이들의 협박에 대응한 것이었다. 페퍼 부인의 반응은 예견된 것이었는데, 이는 제니가 그런 악행에 간여하게 된 중요하고 구체적인 사실을 누락시킨 채 엄마에게 설명했기 때문이다.

교사는 여기에서 부모의 언어적 회의주의에 대응하지 않았다. 교사는 단지 부모가 이해하고 있는 것이 정확하게 무엇인가를 묻는 분명한 질문만을 하고 있다.

> 교: 페퍼 부인, 이제 제니의 행위에 대해 우리가 알고 있는 것을 모두 말씀드리겠습니다. 저는 어머니께서 오늘 우리의 만남의 목적이 어머니의 도움을 구하기 위해서임을 먼저 알아주셨으면 합니다. 어머니의 도움은 제니의 학교생활이 원활할 수 있도록 하는 데 꼭 필요합니다. 그것은 처벌에 관한 것이 아니라 제니가 실수를 했을 때 그것을 바로잡을 수 있게 하고, 학교가 공부하기에 안전한 곳일 수 있도록 하기 위함입니다.
>
> 모: 그렇지만 제니는 말리카에게 받은 것을 되돌려 주려는 것밖에 하지 않았는데요?
>
> 교: 지난 몇 주간 제니가 급우들에게 행한 것을 알려 드리지요. 제니가 이야기한 것과 비교해 보실 수 있을 것입니다. 괜찮으시죠?
>
> 모: 나는 제니가 말한 것을 믿어요.

교: 자, 그럼 볼까요?

교사는 학부모의 계속되는 도발, 즉 교사가 잘못이라는 지속적인 겁박에도 불구하고 회의의 목적에 초점을 맞추고 있다. 공격적인 아이의 부모는 아이의 행위에 관한 증거를 거부하는 경향이 있다. 특히 증거가 움직일 수 없는 것일 때, 집에서는 전혀 발견되지 않을 때 그 증거를 거부한다. 교사는 또한 학부모가 듣기를 거부할 때 회의의 목적이 처벌이 아니라 책임 소재를 가려서 학습환경을 개선하자는 것임을 언급하였다. 페퍼 부인은 제니를 보호하기 위해서 초점을 흐트러뜨리려는 시도를 하고 있다. 이때 교사가 더 큰 목적, 즉 모든 아이를 위한 교육 개선에 초점을 두면 부모는 아이의 비행을 방어할 필요를 덜 느끼게 된다.

회의의 중요한 부분은 이 장의 논제를 벗어난다. 회의의 한 시점에서 교사는 지난 몇 주간의 제니의 비행에 대한 사실을 학부모에게 제공하였다. 행위에 대한 사실 증거를 제공하는 것은 교사와 학부모가 그 회의의 목적에 초점을 두도록 하는 데 절대적으로 필요하다. 회의는 제니를 '처벌하는 것'이 아니고, 학부모가 자신을 '나쁜 부모'라고 느끼게 하는 것이 아니다. 가해 아이의 부모와 만나는 회의는 개인적인 충돌에 의해, 혹은 교사가 통제할 수 없는 주제로 인해 옆길로 새어서는 안 된다. 옛말처럼 구체적인 사실은 완고하며, 논박하기 어렵다.

담임 교사는 페퍼 부인에게 지난 3주간 제니가 제니의 급우를 상대로 저지른 비행의 목록을 제공하였다. 그 목록은 사실 진술의 형태로, 위협하지 않는 상태로 제공되었다. 목록에는 제니가 문제를 야기한다는 것을 발견한 이후에 학교 교직원이 누적 관찰한 것이 모두 포함되었다. 그 목록의 제시 및 검토 뒤에 회의는 다음과 같이 이어졌다.

교: 그것은 지난 3주간 교사들이 제니를 관찰한 결과 알게 된 행위의 목록입니다. 제니가 어머니에게 말한 것과 차이가 있지요?

모: 제니가 이 모든 것을 이야기하지는 않았지만 나는 제니가 자신이 한 모든 행위에 대해 책임을 져야 한다고는 생각하지 않아요. 제니는 말리카가 자신에게 했던 것에 대해 단지 대응한 것뿐이잖아요.

교: 제니가 어머니와 무엇을 공유하든 간에 제니 어머니, 우리는 논의할 필요가 있는 상당한 행위를 눈앞에 두고 있습니다.

모: 다른 아이들은 어떻게 하실 것인가요?

교: 이 일과 관련된 모든 아이에게 필요한 조치를 취하였습니다.

모: 무슨 일을 하셨나요?

교: 미안합니다. 그 아이들의 부모의 허락 없이는 다른 학부모와 그 아이들의 이야기를 하는 것이 허용되어 있지 않습니다. 우리가 말씀드릴 수 있는 것은 지난 몇 주 동안 일어난 일의 모든 책임이 제니에게 있다는 것입니다. 식당에서의 사건, 화장실에 붙여 놓은 악성 포스터, 제가 보여 드린 쪽지, 밴드 수업 중에 친구들을 밀친 것 등입니다. 저만이 제니가 친구들에게

하는 행동을 목격한 것이 아닙니다. 다른 2명의 교사도 제니의 비행을 목격했습니다.

모: 나는 제니가 책임지지 않아야 할 것에 대해 처벌받아야 한다고 생각하지는 않습니다.

교: 제니 어머니, 우리는 제니를 처벌하기를 원하는 것이 아닙니다. 우리는 제니가 이번 일을 통해 학교에서 그렇게 행동하면 안 되고, 향후에 또 그렇게 한다면 자신의 행동에 책임을 져야 한다는 것을 배웠으면 합니다. 제니가 변화하고 나아질 수 있게 도움을 주시기를 바랍니다.

모: 제가 뭘 할 수 있을까요?

교: 어머니가 도울 수 있는 것이 많습니다. 학교는 어머니가 도와주시기를 희망하고 있습니다.

이 시점에서 회의가 진척되기 시작하였다. 회의의 진척은 문제해결을 위한 대화 중에서 한 당사자가 일종의 '발판'을 마련하고, 어떤 하나의 목표를 성취하기 위해 나아갈 수 있도록 할 때 가능하다. 여기서 내가 '어떤 하나의' 목표라고 하였지 '특정한 그' 목표라고 하지 않았음에 주목해야 한다. 그 회의의 당사자는 각각 다른 목표를 가지고 있기 때문이다. 페퍼 부인의 목표는 제니에서 초점을 돌려 제니 친구들의 잘못이 더 크게 보이도록 하는 것이다. 교사 윌슨의 목표는 페퍼 부인이 제니의 나쁜 행동을 고치도록 돕는 데 협력하도록 하는 것이다. 회의의 진척은 두 당사자가 공통된 목표를 향할 때 가장 잘 이루어지지만, 앞의 대화에서 볼 수 있듯이

항상 그렇게 되는 것은 아니다. 따라서 교사가 학부모-교사 회의
에서 진척의 동인을 인식하는 것이 중요하다. 그러한 동인은 목표
방향으로 움직일 때 발생한다. 앞의 사례의 경우, 진척의 동인은
페퍼 부인이 딸의 잘못에 대해 다른 변명을 늘어놓지 않고 "그 문
제를 풀기 위해 내가 무엇을 할 수 있을까요?"라고 물었을 때 나타
났다. 그것은 비약이었고, 덜 동기화된 당사자들이 다시 비협조적
인 패턴을 반복하는 것에서 빠져나가는 디딤돌이 되었다. 기회가
나타났을 때 그것을 잡아야 한다.

> 교: 제니 어머니, 아이들의 문제를 해결하는 데 가장 좋은 방법은
> 학교와 학부모가 서로 힘을 합할 때 나타납니다. 개인적으로
> 저는 아직 우리가 충분히 협력하지 못하고 있다고 봅니다. 오
> 늘 회의에서 가장 중요한 것은 협력을 이끌어 내는 것입니다.
> 모: 그게 왜 그렇게 중요한지 아직 납득이 가지 않는군요.
> 교: 제니의 행복을 위해서 우리가 함께 문제 해결의 일부가 될
> 수 있다는 것을 인정한다면 그 자체가 일이 해결되기 위한 큰
> 진전입니다.
> 모: 좋습니다. 내가 무엇을 명심하면 되지요?

교사는 대화의 진척을 천천히 바른 방향으로 이끌어 가고 있다.
이제 대화는 학부모의 거부에서 벗어나 상황 해결을 위한 노력으
로 향하고 있다. 교사는 학부모가 자신이 문제 해결을 위한 협력
의 일부라는 것을 인식하도록 지속적으로 대화를 조종하여 왔다.

회의는 이제 학부모가 관심을 가지게 되고, 가정 내에서 할 수 있는 그녀의 역할이 무엇인지를 묻게 되는 중요한 지점에까지 도달하였다.

> 교: 구체적으로 어머니께서 제니에게 지난 3주 동안 행동하였던 식으로 계속 행동하면 앞으로는 용납이 되지 않는다는 것을 이야기해 주시면 매우 도움이 될 것입니다.
>
> 모: 그러나 그건 제니의 잘못이 아니라고 수차례 이야기하지 않았나요?
>
> 교: 제니 어머니, 우리가 그 점에서 일치하지 않습니다만 제 말을 들어 주십시오. 어머니께서 관심을 가지시는 모든 것을 검토해 보도록 하지요.

교사는 학부모가 여전히 의심을 가지고 있어도 천천히 지속적으로 학교에서는 학부모의 참여가 긴요함을 대화 중에 계속 강조하고 있다. 동시에 교사는 아이의 잘못이 아니라는 학부모의 주장을 바로잡으려는 시도를 하고 있다. 제대로 상황 정리가 안 되었을 때는 제6장에서 보는 것처럼 그것이 잘될 수도 있고 그렇지 않을 수도 있다. 그러나 지금의 사례에서 교사는 학부모에게 '일을 친절한 방식'으로 납득시키고 있으며, 학부모의 관심을 충분히 유지하는 데 성공하고 있다. 교사는 다음과 같이 계획을 설명한다.

> 교: 구체적으로 어머니의 도움이 어떻게 필요한지 보겠습니다.

먼저 어머니께서 제니에게 지난 몇 주 동안 행동하였던 것처럼 계속 행동하는 것은 앞으로 용납되지 않는다는 메시지를 전하는 것이 큰 도움이 됩니다. 제니는 학교가 공부하기 위해 오는 곳이고, 아이들이 제대로 대접받지 못할 때는 공부를 할 수 없다는 것을 이해할 필요가 있습니다. 우리는 제니가 학교에서 친구들에게 괴로움을 당하지 않도록 할 것입니다. 저는 제니가 어머니에게 말한 것에서 우리 사이에 의견의 불일치가 생겼다고 봅니다. 그러나…….

모: 선생님은 제니가 거짓말쟁이라고 말씀하시는 건가요?

교: 아닙니다. 저는 우리가 제니의 급우들이 제니에게 가한 행위를 관찰하지 못했음을 말하는 것입니다. 솔직하게 말씀드려서 아이들 사이에 벌어진 일을 교사가 다 알지는 못합니다. 그러나 지난 3주 동안의 증거에 기반을 둔다면 우리는 제니가 어머니에게 말한 내용을 지지하는 어떤 것도 보지 못하였습니다. 조금 더 이야기해 보지요. 그리고 나서 어머니의 모든 질문에 답변을 드리도록 하겠습니다.

모: (페퍼 부인은 아무 이야기도 하지 않았고, 끼어들지도 않았다.)

교: 우리는, 첫째, 제니가 학교는 모두를 위해 안전한 곳임을, 그 안전함을 위해 제니가 역할을 할 수 있음을 알았으면 합니다. 둘째, 제니가 그런 행동을 계속한다면 그 행동에 대해 책임을 져야만 한다는 것을 알도록 하는 데 부모님의 도움이 필요합니다. 그것은 학교에서 제니가 규칙을 따라야 하며, 말로 이

루어졌든 행위로 이루어졌든 간에 자신이 아프게 했던 모든 아이에게 보상을 해 주기를 기대함을 의미합니다. 셋째, 제니가 그녀의 친구들에게 일으켰던 어떠한 문제도 교사와 이야기할 수 있음을 어머니가 제니에게 이야기해 준다면 매우 도움이 될 것입니다. 제니는 제니 어머니와 제가 같이 정보를 공유하고 협력하고 있음을 알 필요가 있습니다. 마지막으로 제니가 어머니와 제가 같이 협력하는 팀이고, 우리는 주저하지 않고 만나며, 만나서는 제니의 행동과 제니가 경험하는 문제에 대해 논의한다는 것을 알 필요가 있습니다. 우리는 제니가 학교에서 그녀에게 무슨 일이 일어나도 마치 '썩은 계란'처럼 신경 쓰지 않는다고 생각하지 않기를 원합니다. 우리는 이번 일 이상으로 제니에게 신경을 쓸 것입니다. 제가 방금 말씀드린 4가지가 이 서류에 제시되어 있습니다. 이것을 보시고 질문이 있으시면 해 주시고요, 특히 불편하게 느끼신 것이나 실행하기 어렵다는 것이 있으시면 말씀해 주십시오.

이것은 학부모-교사 회의에서 지극히 핵심적인 순간이다. 일어난 일을 들여다보자. 대화의 초점이 계획의 실행으로 완전히 옮겨 갔다. 그 계획은 학부모가 집에서 할 수 있는 것이다. 계획은 구체적이다. 그것은 짧고, 상대적으로 간단하다. 기본적으로 모든 학부모가 요청받는 것은 학생의 행위에 대한 학교의 기대를 학생에게 주지시키는 것이다. 계획은 학부모가 검토한 후 그것에 대한 의견을 제시할 수 있도록 학부모에게 서류 형식으로 전달되

며, 이는 반드시 이루어져야 한다. 학부모에게는 필요하다면 합
리적인 수정이 가능한 그 계획서에 대하여 반응할 기회가 주어져
야 한다. 이는 바로 정확히 다음 단계에서 일어나야 하는 것이다.
다음 단계란 학부모가 학교의 제안에 대해 반응할 기회를 가져야
하고, 필요하다면 합리적인 수정이 이루어져야 하며, 학부모에게
주인의식을 증가시키는 기회가 주어지는 것을 말한다. 그 계획을
'서류로 가짐'으로써 그것을 수행할 가능성이 높아지며, 마음도
쓰게 된다. 특히 학부모가 협조자로서 참가하게 되는 역할을 맡
게 되면 학부모는 그 계획에 참여하고 있다(앞의 경우에는 계획서
의 수용과 변경)는 진실한 느낌을 받게 된다.

　이제 통제는 학부모에게로 되돌려졌다. 교사는 학부모가 제안
된 계획에 대해 무엇을 어떻게 할 것인가의 주제로 다시 주도권을
학부모에게 넘겨주었다. 가장 나쁜 경우는 학부모가 이를 공격하
고 거절하는 것이다. 만약 우리 모두가 살기를 원하는 세상이라면
페퍼 부인은 아마도 그러한 완벽한 계획에 대해 월슨 선생님께 감
사하고, 교사–학부모 동맹의 파트너십의 축복 속에서 춤추며 집
으로 갈 것이다. 하지만 그러한 일은 통상적으로 잘 일어나지 않
는다. 오히려 다음의 대화가 전개될 가능성이 크다.

　모: (4가지 영역의 계획서를 보면서) 나는 아직도 도움을 주기 위
　　해 집에서 무엇을 할 필요가 있는지에 대해 납득하기가 어려
　　워요. 이 4가지의 하찮은 것, 어리석은 일을 우리가 집에서 한
　　다 한들 과연 효과가 있을지 의문이에요.

교: 페퍼 부인, 우리가 요청 드리는 것은 그것을 한번 시도해 보시고 효과가 있는지를 우리에게 알려 달라는 것입니다. 서류에 있는 4가지 중 혹시 하실 수가 없어 변경이 필요한 것이 있습니까?

모: 선생님들이 제니를 돕기 위해 나설 것이라고 제니를 설득할 수 있을지 모르겠습니다. 그것은 이 계획서의 마지막에 있습니다. 만일 모든 것이 정반대라면 말리카와 그 아이의 친구들이 제니에게 가했던 일을 모두 무시하면서 제니를 도울 수 있을지 의심입니다. 즉, 내가 이 계획서에 있는 항목을 모두 실행하여도 제니는 똑똑한 아이이기 때문에 내가 이야기하는 것에 콧방귀를 뀔지도 모릅니다.

교: 아마도 그렇지 않을 것입니다. 어머니께서 우리가 이야기 나눈 것이 정말 심각한 문제임을 제니에게 확신시킨다면요. 그 계획서에 어머니가 정말 하기 어렵거나 혹은 할 수 없을 것이라고 의심되는 항목이 있습니까?

모: 좋아요. 그렇지만 나는 이 모든 것이 시간 낭비라고 생각합니다. 하지만 제가 그것을 하여 선생님이 좋으시다면 하겠습니다.

교: 어머니, 저는 어머니께서 제니와 함께하지 않을 어떤 것을 하시거나 아이가 관심이 없다고 믿는 것을 하시는 것을 바라지 않습니다. 만일 어머니가 이 중 어떤 것이라도 효과가 없을 것이라고 믿으신다면 효과가 날 것이라 판단되는 다른 것을 생각해 보도록 하시지요. 어머니의 제안은 환영이며, 저는 모

두가 관심을 가지는 이 일이 잘 해결되기 위해서 최선을 다할
것입니다.

교사가 한 일이 무엇인지를 보자. 첫째, 교사는 학부모가 그 계
획서에 대한 의견을 제시하도록 유도하였다. 물론 학부모의 의견
이 긍정적인 것은 아니었지만 노골적인 비난도 아니었다. 회의적
인 학부모의 계획에 대한 낮은 수준의 비판은 거부라기보다는 수
용을 의미한다고 보아야 한다. 페퍼 부인이 말한 것 중 제니가 자
신의 행동에 대해 책임을 져야 한다는 것에 대한 불만 이외에 직
접적인 반응은 없었다. 이는 학부모가 초점을 흩뜨리기 위해 던진
또 하나의 도전이었지만 여기에 완전히 감정이 실리지는 않았다.
교사는 계속해서 계획에 초점을 두었고 학부모가 교사의 말을 따
르는 게 최선이라고 생각하도록 격려하는 노력을 지속하였다. 교
사는 전혀 방어적이 아니었다. 오히려 교사는 학부모에게 그 계획
이 더 좋아지도록 제안할 것을 격려하고 있다. 또한 아이에 대한
어려운 이슈를 논의하면서도 학부모와 교사 사이의 의사소통의
문을 하나 이상 열어 두고 있다. 만일 학부모가 문 닫기를 선택한
다면 어쩔 수 없지만 교사는 학부모의 태도가 너무나 적대적이어
서 자신의 안전에 문제가 될 정도로 상황이 어렵지 않은 한 문을
닫지 말아야 한다. 그런 경우에는 자기 보호를 위해서라도 적대적
인 상대방에게 건물에서 나가는 문이 있음을 보여 주면 된다.

모: 좋아요. 여기 있는 대로 제니에게 해 볼게요. 하지만 결과는

장담 못해요. 선생님들 또한 최선을 다해 주세요.

교: 페퍼 부인, 우리 교사들은 항상 그렇게 하려고 노력합니다. 우리에게는 가정에서의 협력이 큰 도움이 되며, 우리는 우리가 더 많이 머리를 맞대고 노력할수록 아이들에게 좋은 일이 일어날 것임을 믿고 있습니다. 우리가 원하는 것은 어머니가 몇 가지를 해 보시고 그 효과가 어떤지를 저희에게 알려 주시는 것입니다. 우리는 학교에서 제니에게 일어나는 일을 관찰하여 어머니께 알려 드리겠습니다. 학교에서 그리고 가정에서 일의 결과가 어떻게 나타나는지에 대해 이야기 나누기 위해 주말에 전화를 드리겠습니다. 일단 한번 시도해 보시고 결과가 좋지 않으면 다시 만나서 새로운 시도를 생각해 보지요.

모: 저는 이것으로 충분했으면 해요. 이런 쓸데없는 일로 여기에 또다시 오고 싶지 않으니까요. 저도 일을 해야 하잖아요.

교: 제니의 교육에 대해 무엇이라도 이야기해 주실 수 있으시죠? 저희가 도움이 되어 드리겠습니다. 저희 또한 부모님의 도움이 필요합니다.

회의는 긍정적으로 끝났고, 대화 재개의 문은 열려 있게 되었다. 학부모가 회의의 모든 측면을 완전히 수용한 것은 아니지만 최소한 학교가 현재의 상황을 극복하고, 모두에게 좋은 방향으로 나아가기 위해 아낌없는 노력을 기울이고 있음을 이해하게 되었다.

'짧고 간단히 하는 것'은 모두에게 성공의 기회를 증가시킨다

앞의 사례 연구에서 본 회의적인 학부모는 결국 문제 해결을 위한 협력에서 역할을 맡게 되었다. 이러한 성공에서 주요한 열쇠는 계획하기 101의 기본 원칙[짧고 간단히 하라(Keep It Short and Simple: KISS)]을 따른 계획의 제시다. 교사는 대부분의 시간을 교사 특유의 말을 쏟아 내며 보내는 경향이 있는데, 이것은 학부모에게 위협적이어서 학부모가 교사에게서 멀어지는 이유가 된다. 계획서의 짧고 간단한 언어는 학부모가 자신이 문제 해결에 도움이 됨을 믿고, 그러한 역할을 맡을 때의 불안감을 해소하는 데 도움이 된다.

또한 '최대한 짧고 간단히 하기' 계획은 어떤 수준에서도 실행할 수 있고 성취할 수 있는 것을 의미한다. 학부모에게 제시된 교사 윌슨의 계획은 오직 4가지였다. 만일 그보다 적었더라면 더 좋았을 것이다. 학부모가 자신이 해야 할 어마어마한 양의 계획에 놀라지 않도록 해야 한다. 결국 중요한 것은 학부모가 교사를 돕도록 하는 것이다. 지구 온난화, 빈곤, 세계 평화 등의 문제를 해결하기 위해 200가지 이상의 내용이 담긴 계획으로 학부모를 놀라게 해서는 안 된다.

계획이 가능하도록 하기 위해서 우리는 학부모가 교사가 원하는 것을 적극적으로 할 수 있는지를 고려해야만 한다. 교사는 가정에서 얻을 수 있는 학부모의 지원에 대한 제한된 정보를 잘 파악하여 전문가적인 결정을 내려야 한다. 학부모가 우리의 제안을 받아들여 아이의 문제를 해결하는 데 기꺼이 나설까? 학부모-아이의 관계는 부모의 제안에 대해 아이가 반응할 정도로 좋은가? 학부모가 제시된 계획을 이행할 능력이 있는가? 이 모든 질문에 대한 답은 학부모-교사 대화 시간 중에 발견되어야만 한다.

성취 가능성을 집에서의 완전한 문제 해결과 등치 시키지 않아야 한다. 장기적으로 성취 가능한 계획은 전반적인 문제 해결을 향해 안정적이고 지속적인 각 단계마다의 작은 성취 단계를 포함하고 있어야 한다. 교사가 학부모와 계획을 짤 때 하는 가장 큰 실수는 한 번의 '터치다운'보다는 볼 점유를 길게 가져감으로써 그 사이에 상대방이 골문 근처에 도달한다는 것을 잊는 것이다. 페퍼 부인은 제안된 계획을 밀쳐 내려는 시도를 계속하였고, 만일 거기에 작은 진전이라도 있었다면 그녀는 계획을 거부하기 위해 많은 노력을 하였을 것이다. 만일 그렇게 내켜 하지 않는 학부모에게 너무 어렵거나 처음부터 실패할 수 있는 일을 요구한다면 그 학부모는 "너무 어려워요." 혹은 "어리석어요." "내가 소용없다고 이야기했잖아요."라고 하면서 자신의 믿음을 확신할 것이다. 따라서 학부모가 교사를 돕도록 하기 위해서는 가능한 한 많은 자동적인 성공을 내재화시켜야만 한다.

페퍼 부인의 사례에서 계획에 내재된 자동적인 성공 요인은 무엇이었을까? 그 첫 번째 요인은 교사가 제니에게 보내는 메시지, 즉 학교는 모든 아이에게 안전한 장소이고 제니가 학교가 안전한 장소가 되는 데 역할을 할 수 있다는 것을 학부모가 제니에게 그대로 전달하도록 한 것이다. 거기에 포함된 것은 무엇인가? 별로 많지 않다. 단지 학부모가 그 메시지를 전달만 하면 되는 것이다. 학부모가 전달해야 하는 말을 신념도 없이 건성으로 건네게 되더라도 학부모가 그 단순한 행동을 하게 하는 것은 상대적으로 쉬운 일이며, 매우 도움이 된다.

계획의 두 번째 요인은 첫 번째 것과 거의 차이가 없다. 그것은 페퍼 부인이 앞으로 비행을 계속하면 처벌될 수 있다는 교사의 메시지를 제니에게 강조하는 것이다. 학교의 메시지를 가정에서 강조하는 것의 중요성은 아무리 강조해도 지나치지 않다. 아이가 부모에게 자신의 비행에 대하여 암묵적 혹은 적극적인 인정을 받는다면 아이는 자신이 그러한 행위를 해도 가족은 괜찮다고 생각한다고 믿게 된다. 그러면 그 아이는 반드시 '엄마와 아빠가 옳고 학교는 잘못이다.'라고 믿을 것이다. 만일 학부모가 갑자기 '편을 바꾸어' 학교 교직원과 같은 편이 되면 아이는 그러한 비행이 어디에서도 인정되지 않으며, 그러한 비행에 심정적으로 동조하는 어른을 어디에서도 찾을 수 없다는 강력한 메시지를 받게 된다. 학부모가 학교와 파트너십을 가지는 것은 아이들이 계획하고 있는 잘못된 행동에 혼란을 야기할 것이다. 그 혼란은 '만일 내가 말리카의 머리카락에 껌을 붙였을 때 엄마와 아빠가 내 말을 믿지 않고 선생님의 말을 믿는다면 어떡하지?'와 같은 것이다. 학부모는 아이가 자신이 새롭게 공표한 대로 따르기를 기대할 것이며, 아이 행동의 긍정적인 변화는 부모가 말한 것을 아이가 실제로 얼마나 실행할 것인가를 가늠해 보는 데에서 야기될 것이다.

페퍼 부인에게 전해진 계획의 세 번째와 네 번째 요인은 앞의 두 요인과 마찬가지로 학부모에게 해가 되지 않는다. 세 번째와 네 번째 요인은 아이가 학교와 부모가 늘 상호 소통하고 있음을 알도록 하는 것이다. 상호 소통의 문은 항상 열려 있고, 학부모는 학교에서 아이에게 무슨 일이 일어나는지 관심을 가지고 있으며, 교사 역시 아이의 학교생활에 관심을 가지고 있음을 알리는 것이 중요하다. 만일 제니가 그녀 주변의 어른들이 자신에게 관심을 보이지 않는다는 인식 때문에 그러한 행동을 해 왔다면 이 두 요인은 그러한 믿음 체계를 부수는 데 기여할 수 있다.

요약하면 계획에는 학부모가 주도권을 쥘 때 자동적으로 성공할 수 있는 요소가 내재되어 있어야 한다. 모든 학부모에게 요청된 것은 학교의 행동 기대를 강화하는 이야기를 아이들에게 전하는 것이다. 특히 덜 협조적이거나 회의적인 학부모를 대할 때 가장 어렵다고 할 수 있는 것은 장래의 학교 규칙에 대한 부정을 피하는 것이다. 표면적으로는 학부모에게 변화가 있는 것 같지만 이것은 그 학부모가 기존에 사용해 왔던 것과는 다른 방법을 제공하지 않는 한 알 수가 없다. 이 장의 말미에 제시된 '계획 5-1'은 짧고 간단한 계획에 대한 예시다. 이 계획은 회의 중에 교사 윌슨과 페퍼 부인이 작성하였고, 그날 저녁에 페퍼 부인에게 메일을 통해 전해졌다.

꺼리는 학부모를 만나는 방법에 대해 이 장에서 논의한 주요 논점을 다음과 같이 정리하였다.

- 이슈에 계속 집중하기
- 학부모의 회의주의에 응대하지 않기
- 학부모에게 낮은 수준의 위협 사용하기
- 아이의 비행에 대한 사실 제공하기
- 논의의 진척 확인하기
- 학부모가 계획을 생각해 보도록 이끌기
- 학부모가 계획을 보고 실행하도록 하기
- 계획에 대한 학부모의 헌신 얻기
- 긍정적인 언사로 끝맺기

🖼 계획 5-1. 제니 페퍼를 위한 행위 계획

2007년 10월 14일

계획을 짠 사람들
교사 윌슨은 2007년 10월 14일 제니의 최근 비행에 대해 논의하기 위해 페퍼 부인과 만났음. 페퍼 부인과 교사 윌슨은 제니의 행동을 고치고 긍정적인 교우 관계의 증진을 돕는 다음의 계획을 따르기로 동의함.

목표
즉각적: 제니의 급우들을 향한 부정적인 행위 줄이기
장기적: 제니의 교우 관계 개선하기

교정 대상의 행위

1. 제니가 학교에서 급우들을 밀치거나 떠미는 것 막기
2. 제니가 급우들에게 부적절한 언사를 쓰거나 욕하는 것 막기
3. 제니가 급우들을 헐뜯는 쪽지를 건네는 것 막기
4. 제니의 학교생활 태도 개선하기

학교 교직원이 할 일

1. 담임 교사는 학부모와의 회의 전에 제니와 그녀의 최근 비행에 대해 논의. 10월 12일 완수됨.
2. 담임 교사는 제니의 부모를 만날 스케줄 잡기. 10월 13일 부모와 접촉/10월 14일 제니의 모친과 만남.
3. 담임 교사와 페퍼 부인이 만나서 제니의 행동을 개선하기 위한 계획 고안. 10월 14일 완수됨.
4. 담임 교사는 제니를 가르치는 모든 교사에게 제안된 계획을 전달하고, 제니의 행동을 고치기 위한 구체적인 업무를 교사들에게 할당. 10월 15일 기획됨.

학부모가 도울 일

1. 페퍼 부인은 제니에게 학교가 안전한 장소임을 언급. 10월 15~16일 예정됨.
2. 페퍼 부인은 제니에게 급우들에 대한 부정적 행위를 지속한다면 그에 대한 책임을 져야 할 것임을 언급. 10월 15~16일 예정됨.
3. 페퍼 부인은 제니가 친구들과 관련해서 문제가 있다면 그 정보를 학교 교사와 공유할 수 있음을 언급. 10월 15~16일 예정됨.
4. 페퍼 부인은 제니의 행동을 개선하기 위해 학교 교사와 자신이 협력하고 있음을 강조. 10월 15~16일 예정됨.

제니가 할 일

1. 제니는 그 계획과 관련하여 담임 교사를 만날 것임. 10월 16일 혹은 17일 예정됨.

2. 제니는 부모-교사 회의 이후에 즉각적으로 그녀의 행동을 고치기 시작할 것임.

* 실제로 제니는 회의가 예정된 그날 이후부터 나쁜 행동의 일부를 하지 않았음.

앞으로 할 일

1. 페퍼 부인은 윌슨 교사에게 전화하여 제니가 엄마와의 대화에 어떻게 반응하였는지에 대한 정보를 전달할 것임. 10월 16일 혹은 17일 예정됨.

2. 윌슨 교사는 주말에 페퍼 부인에게 전화하여 학교에서의 제니의 달라진 모습을 전해 줄 것임. 10월 18일 예정됨.

3. 윌슨 교사는 다음 주에 다른 교사를 만나 제니의 행동에 대해 논의할 것임. 늦어도 10월 23일까지 수행되어야 함.

4. 윌슨 교사는 페퍼 부인에게 전화로 여러 교사가 제니의 행동을 지켜본 결과를 전달할 것임. 늦어도 10월 25일까지 수행되어야 함.

5. 다른 약속이 필요하면 페퍼 부인은 언제라도 전화하여 약속을 잡을 수 있음.

이 내용은 교장에게 메일로 전달되며, 페퍼 부인에게는 메일과 출력물로 전달될 것임.

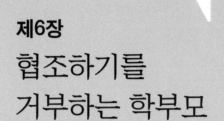

제6장

협조하기를
거부하는 학부모

제6장 협조하기를 거부하는 학부모

가장 곤혹스러운 것은 자신의 아이가 다른 아이들을 괴롭히고 있는데도 학교에 협조하기를 거부하는 학부모다. 우리가 앞에서 보았던 사례와는 달리 이런 학부모는 교사들 사이에서 익히 알려진 정형화된 패턴을 보인다. 이런 학부모는 아이들의 행동의 역할 모델이다. 그들은 학교를 적으로 간주하며, 교사는 모두 틀려먹었다고 판단한다. 이런 학부모는 무슨 이유를 들어서든지 교사와 협력하는 것을 피한다. 그렇지만 교사는 이러한 학부모의 아이를 위해서 그들과의 협력을 지속해야만 한다. 그것은 애초부터 즐거운 기대는 아니며, 결과도 종종 빈약하다.

지배적인 패러다임 뒤집기

우리는 '지배적인 패러다임 뒤집기'라는 표현을 들어 왔지만 그것이 어려운 상황과 사람들에게 대응하는 가장 강력한 수단이라는 것은 거의 생각하지 못한다. 우리는 다른 결과를 기대하면서 교육 장면에서 종종 그러한 일을 지속하고 있다. 아인슈타인(Einstein)은

제정신이 아닌 것에 대한 정의가 다른 결과를 기대하면서 같은 것
을 끊임없이 반복하는 것이라고 하였다. 연습이 완벽을 만든다는
것은 진실이며, 교사가 학위를 얻는 과정 중에 배워 왔던 모든 것
을 실제로 어떻게 적용해야 할지에 대해 가르쳐 주는 것에는 교실
에서의 경험만한 것이 없다. 하지만 우리는 때로 아인슈타인의 목
소리를 들을 필요가 있고, 더 이상 진척되지 않는 문제를 다룰 때
그가 말한 것이 어떻게 적용될 수 있는지를 생각해야 한다.

　아이와 마찬가지로 남을 괴롭히는 아이의 부모는 선의를 베풀
지 않으며, 그들과 함께 일하려는 우리의 의지를 무시한다. 그들
은 교사가 건설적인 대화를 이끌어 내려고 노력하는 중에 교사에
게 위협행동을 할 수도 있다. 어느 누가 도움을 받지 않으려는 사
람을 도울 수 있겠는가? 누가 어려움에 처한 그들의 아이를 우리
들만이 돌본다고 생각하겠는가? 또 누가 우리에 대한 부모의 행동
에 대해 진저리를 치겠는가? 대부분의 교사가 그렇지 않을 것이
며, 나 역시 그렇지 않다. 매큐언(McEwan, 2005)은 이런 부모를
"화를 잘 내며, 곤란한 혹은 얼빠진 짓을 꾸미는"(p. xvi) 사람들로
정의한다.

　그러나 교사가 그들을 그들의 게임 밖으로 끌어내기 위해 이전
과 전혀 다른 방식을 사용한다면 어떻게 될까? 가장 어려운 학부
모는 상황을 통제하는 데 익숙해져 있다. 그들은 어떻게 하면 대
화를 그들의 방식으로 이끌 수 있는지를 알고 있다. 그들은 그들
과 협력하고자 하는 교사의 노력을 좌절시킨 많은 경험을 가지고
있다. 그렇다면 우리가 그렇게 하지 않으면 어떻게 될까? 학부모

가 교사에게 기대하는 것을 교사가 하지 않는다면 어떻게 될까? 그런 학부모의 고전적인 전략을 거부함으로써 이들의 지배적인 패러다임을 뒤엎어 버리면 어떻게 될까?

나는 무슨 일이 일어날지 궁금하다. 이와 관련된 사례를 살펴보자.

사례 연구: 협조를 거부하는 학부모

폴 레니는 모든 교사가 공격적이라고 생각하는 8학년 아이다. 폴은 쉬는 시간이면 급우들을 밀치곤 했다. 그는 평소 자주 화를 내고 무뚝뚝했는데, 최근에는 자신보다 작은 7학년 아이들을 못살게 굴었다. 교사가 그의 행동에 대해 주의를 주면 폴은 아무것도 하지 않은 척 시치미를 뚝 떼면서 재수가 없어서 자신이 걸린 것이라며 교사가 자신을 구박한다고 불평을 하였다. 최근 폴의 가족에게 한 번은 우편으로, 한 번은 전화로 폴의 비행이 통고되었다. 매점에서의 사건 이후 교장은 폴을 정학시키고 싶어 하였으나 폴의 담임 교사인 해치가 자신이 폴을 담당하고 싶다고 하였다. 해치는 폴의 부모와 만나서 폴이 아이들에게 저지르는 비행을 줄이고, 교장의 정학 처분도 피하려고 하였다.

교사 해치는 처음에 폴의 부모와 전화로 접촉을 하였다. 폴의 엄마는 남편에게 교사가 전화를 했다는 메시지를 전했고, 폴의 아빠는 '일단 가정에서 훈육을 다하고' 내일 학교에 오겠다고 하였다. 폴의 아빠인 레니는 다음 날 예정대로 마지막 수업이 끝나자 학교에 모습을 나타내었다.

교사(이하에서 '교'): 폴 아버님, 와 주셔서 고맙습니다. 만나 뵙게 되어 기쁩니다. 폴의 학교생활을 돕는 데 협력해 주시기를 부탁드립니다.

부모(이하에서 '부'): (악수를 하고 자리에 앉음.) 그렇지만 솔직히 여기에 있는 것이 기쁘지는 않군요. 직장에서 일찍 나와야 했어요. 사람들이 왜 그런 문제를 알아서 해결하지 못하는지 알수가 없군요.

교: 레니 씨, 그것이 겉으로는 쉬워 보입니다만 학교는 폴이 야기한 문제를 풀기 위해서 부모님의 도움을 필요로 합니다.

부: 아이가 지난 일에 대해 몇 가지 이야기를 하더군요. 그런 것은 그저 아이들 문제가 아닌가요? 폴은 누구도 해치지 않았어요. 당신들은 아이들을 어떻게 다루어야 하는지 모릅니까?

교: 우리 교사들은 그 문제에 대해 매일 배우고 있습니다. 아이들은 언제나 새로운 문제를 일으키지요.

부: 내가 아는 한 이건 정말 아닙니다. 늘 그런 식이었지요. 이번에는 뭐가 다른가요?

이 국면에서 몇 가지가 분명하게 나타난다. 처음 대면부터 폴의 아빠는 어떻게 해서든 자신은 교사에게 협조적이 아님을 표현하고 있다. 이러한 첫 번째 반응에 대해 교사가 과잉 대응하지 않는 것이 중요하다. 학부모는 그 상황에서 불편함을 느낄 수 있기 때문에 그 어색함이 그대로 나타나는 것이다. 교사는 이 시점까지 학부모의 의견(혹은 도발)을 수용하는 데 힘써야 하며, 회의의 첫 국면에서 맞이한 장애물을 피해야 한다.

교: 이 사안을 판단하고 처리하는 데에는 여러 가지 다양한 길이 있습니다. 폴 아버님이나 저희가 자랄 때는 최근에 폴이 한 행동 같은 것을 상당 부분 눈감아 주었고, 그와 같은 것은 모두 '애들 일'이라고 보았습니다. 그러나 최근에는 그러한 행동이 아이들에게 상처를 주며, 학습을 방해한다는 것을 알게 되었습니다. 오늘은 이제까지의 폴의 행동을 아버님과 함께 검토해 보고자 하며, 이에 대한 학교의 입장을 말씀드리고 싶습니다.

부: 당신 마음대로 하세요. 그게 내가 여기 온 이유 아닌가요? 그러나 나는 이러한 소동이 모두 쓰레기이며, 오늘날 학교가 얼마나 유약한가를 나타내는 징표라고 봅니다.

교: (레니의 비난을 무시하고 최근에 폴이 한 문제행동의 목록을 읽어 내려감. 레니는 말없이 듣고 있음.) 아버님이 보시다시피 폴의 행동은 사소한 것이 아닙니다. 폴은 아이들을 떠밀고, 일부러 가서 부딪히며, 언어폭력을 자행하였고, 매점에서는 여자아이의 치마에 우유를 끼얹어 모두를 놀라게 했습니다.

부: 그래서 그게 큰 문제인가요?

교: 폴이 아버님과 이야기했을 때 왜 그런 행동을 했는지에 대하여 어떤 단서가 될 만한 것이 있었는지를 제게 알려 주실 수 있습니까?

부: 우리는 그 문제에 대해 이야기하지 않았어요. 어쨌든 그것은

큰 문제는 아니네요. 폴은 그저 에너지가 넘치는 아이이고, 집에서는 말도 잘 듣고 있어요. 당신이 사람들의 허접한 말만 듣지 않았으면 합니다. 또한 사람들은 그들이 누군지 상기할 필요가 있어요.

교: '그들이 누군지'의 정확한 의미가 무엇이죠?

부: 스스로 잘났다고 여기고, 뒤에 숨는 사람들이지요.

교: 레니 씨, 우리는 폴이 매점에서 여자아이의 치마에 우유를 끼얹어 여러 아이들 앞에서 그 아이가 당황하게 한 것을 경시할 수 없습니다. 부모님은 그것이 아이들이 서로에게 할 수 있는 행동이라고 보시나요?

부: 그럴 수도 있겠지요. 그 여자아이가 그럴 만했는지에 따라서요. 어떤 여자아이는 한심하리만큼 지저분하기도 하지요.

여기까지의 대화를 통해 회의의 진행이 얼마나 힘들 것인지를 알 수 있다. 학부모는 교사가 관찰한 모든 증거의 중요성을 깎아내리기를 지속하고 있으며, 대화의 초점을 폴의 비행에서 다른 곳으로 이끌어 내려고 시도하고 있다. 교사는 학부모의 그러한 반복적인 도전을 무시하고 주요 논제, 즉 폴의 행동에 초점을 맞추고 있다. 교사는 폴의 행동에 대해 단서가 될 수 있는 정보를 학부모가 인식하고 또 이를 공유하자고 권유하고 있지만 학부모는 폴의 행동이 정당한 것이라며 반박하고 있다. 불행하게도 이러한 상황에서 교사가 학부모에 대해 가지는 인상은 정확했으며, 그것은 앞으로 일어날 일을 예측하게 한다. 교사는 학부모의 어깃장에도 좌절하지 않고, 계속 진행한다.

교: 레니 씨, 오늘의 주요 논점으로 돌아가지요. 솔직하고 명백히 말씀드리겠습니다. 교장 선생님은 그 사건 때문에 폴에게 3일간의 정학 조치를 내리려 하고 있습니다. 부모님과 제가 협력해서 무언가를 하지 않는다면 정학 조치는 피할 수 없습니다.

부: 뭐라고요? 3일간 정학이라고요? 우유를 끼얹은 것이 3일간의 정학의 가치가 있다고 생각한다니 교장 선생은 참으로 현명하지 못하군요.

교: 실제로 교장 선생님과 저는 우리가 점잖게 행동하는 것이 최선이라고 생각합니다. 저는 이 대화를 통해 어느 누구도 나쁜 인상을 받기를 바라지 않습니다.

부: 나는 누가 어떻게 생각하든 신경 안 써요.

교: 자, 우리 모두 폴을 생각해야지요. 그렇지 않으면 우리가 지금 여기 있을 필요가…….

부: 내가 여기에 있는 이유는 당신들이 별문제도 아닌 것을 가지고 야단법석을 떨기 때문이고, 당신들은 이제 아무것도 아닌 일로 폴을 처벌하려고 하고 있군요.

교: 레니 씨, 저는 그러한 사태를 막기 위해 최선을 다하고 있습니다. 만일 아버님이 1, 2분만 더 할애해 주신다면 교장 선생님의 정학 대신에 제가 제안하는 것에 대해 만족해하실 겁니다.

부: 나는 여기에 온 것 자체가 불쾌하고, 여기서 기분 좋게 떠나

는 것도 바라지 않아요. 당신이 나를 기분 좋게 하려고 노력하
려면 마음대로 하세요. 그렇지만 내가 관여하는 한 달라지는
것은 없을 겁니다.

교: 그래도 어쨌든 이야기나 들어 보시지요. 아버님이 거기에서
괜찮은 것을 찾을 수도 있지 않겠습니까?

부: 아니에요. 정말 듣고 싶지 않군요. 당신들은 단지 내 아들을
벌주고 싶어 하잖아요. 마음대로 하세요. 어떻게 되나 두고 봅
시다. 그렇지만 폴이 다시 학교에 돌아왔을 때 달라지는 것은
없을 겁니다. 폴은 그 아이에게 가서 동일한 행동을 할 것이
고, 나는 여전히 지금처럼 폴을 지지할 것입니다.

교: 제안을 한번 들어 봐 주십시오.

부: 집어치워요. 가겠어요.

교: 부모님이 폴의 학교생활에 관해 이야기하고 싶으시면 제게
언제든지 말씀해 주세요. 그것만 알아주십시오.

부: 알았어요. (교실을 나감.)

교사는 학부모의 태도와 행동을 비난하려고 하였는가? 아니다.
이 경우 학교장의 정학 처분에 대한 대안을 제시하며 아이를 보호
하려고 한 것은 교사였다. 학부모가 동의만 하였으면 그리했을
것이다. 교사는 학부모가 지속적으로 회의의 주도권을 쥐려는 것
에 굴복하지 않았다. 교사는 폴의 행동이 다른 사람의 분노를 사
며, 학교에서는 폴의 범칙 행위를 최소화하는 데 실패했음을 강
조하였다. 교사는 정학을 피하는 것에 초점을 두고, 폴의 아빠에

게 대안을 들어 보도록 권하였다. 목표가 달성되기 전에 회의를 끝내자고 한 것은 교사가 아니었다. 그 결정은 학부모에게 달렸는데, 폴의 아빠는 교실을 떠남으로써 대안이 열매를 맺을 희망에 종지부를 찍었다. 그렇게 함으로써 학부모는 대화의 통제권을 유지하였고, '내 방식이 아니면 안 돼.'라는 식으로 모든 대화를 통제하였다.

협조하기를 거부하는 학부모와의 갈등 해결하기

학부모가 타협의 과정을 거절할 때, 교사는 아이를 위한 개입의 실패에 책임이 없다. 우리 교사들만 비협조적인 학부모와 타협하는 것이 어렵다고 생각하는 유일한 사람이 아니다. 아이를 위해 마련한 제안을 포기하는 것은 분명 어렵다. 그리고 교사는 그러한 제안이 풀고자 하는 문제에 전혀 관심도 없는 학부모에게 공공연히 거부당하거나 무시될 때 방어적으로 나오기가 쉽다. 얼마나 수치스러운가! 그러나 학부모와 상담하고 조언을 주는 것이 교사의 역할임을 기억해야만 한다. 비록 교사가 그러한 조언을 학부모가 받아들이도록 할 수는 없지만 말이다. 환자에게 '담배를 끊어라.' '체중을 줄여라.'라고 반복적으로 조언하는 의사처럼 교사는 학부모가 듣지 않아도 제안과 추천을 제공해야만 한다.

갈등 해결은 분쟁하는 두 당사자 간에 적정한 변화의 조건이 제시되고, 일정한 해결이 실현될 것이라는 전제를 가질 때 이루어진다. 두 당사자 모두 처음의 입장을 바꾸는 데 동의할 용의가 있어야만 한다. 그들 사이의 다름은 항상 문제 해결의 요체이기 때문이다. 이상적으로 보면 두 당사자가 처음의 입장을 바꾸려고 할 때 그들은 그 상호작용에서 '무엇인가를 얻게 된다.' 드루(Drew, 2002)는 이것을 '윈-윈(win-win)' 국면으로 정의하였다. 물론 어느 편도 그들이 원하는 모두를 얻지는 못하지만 두 당사자는 그들이 더 중요하게 여기는 원칙의 일부분을 얻었다는 것만으로도 만족한다. 결국 반 덩어리의 빵이 전혀 없는 것보다는 낫다는 것이다.

갈등 해결로 가는 많은 다양한 길이 있다. 여러 그룹은 다양한 방법을 사용할 것이다. 학교 당국자가 사용하는 방법은 학부모와 아이가 사용하는 방법과 다를 것이다. 그러나 모든 방법은 비협조적이라고 생각되는 학부모와 협력할 때 적용 가능한 해결책을 제공한다. 다음의 11가지 전 방위적 접근은 학교/교사/학부모의 다양한 갈등 국면에서 나온 해결책을 소개한 것이다. 이 접근은 여러 웹사이트에서 추출되었고, 독자들은 다음의 웹사이트를 참고하기 바란다. 필수 기술을 위한 통합 교과(http://www.literacynet.org/icans/chapter03/steps.html), 평화 학습(http://www.learningpeace.com/pages/LP_04.htm), 중재 노력(http://www.mediation-works.org/pg4.cfm), 위스콘신 대학교 인적자원개발사무소(http://www.ohrd.wisc.edu/onlinetraining/resolution/index.asp)

갈등 해결을 위한 11가지의 전 방위적 접근

1. 두 당사자의 토론이 가능하도록 '안전한' 혹은 중립적인 장소와 당사자들이 긴장을 풀 수 있는 시간을 선택하기

학부모-교사 회의를 위해 통상 학부모가 학교에 오게 한다. 그러나 학교 내에서 특히 교실은 학부모에게 중립적인 장소가 아니다. 교사는 교사의 '텃밭'이 아니라 '학부모에게 익숙한' 장소를 학교 내에서 찾아야 한다. 교사에게 장악된 곳이 아니라 학부모에게 익숙한 회의 장소가 있는지, 학부모가 좀 더 편하게 느끼고, 자신을 제삼자처럼 여길 수 있는 학교 상담실 같은 곳이 있는지 등의 고려는 비협조적인 학부모를 위해 최적의 '안전한' 갖춤을 만들어 내는 데 도움이 될 것이다. 문제 해결 과정에서 저항적인 학부모를 중립화시키기 위한 모든 시도는 대화 중에 발생하는 장애를 훨씬 줄여 줄 것이다.

2. 민감한 이슈를 논의하기에 앞서 모든 당사자는 마음을 차분하게 하기

이러한 분위기는 학부모의 '느닷없는' 방문을 피하거나 사건이 일어난 날 학부모와의 만남을 만들지 않음으로써 확보할 수 있다. 학생을 보살피는 교사는 자신이 책임지고 있는 학생의 비행에 더 화가 나기 쉬운 경향이 있다. 교사는 누구도 아이들이 서로를 해치는 것을 보지 않기를 원한다. 시간은 누구에게나 위대한 안정제다. 예기치 않게 학교폭력이 발생한 상황에서 학교에 온 학부모는 보다 더 감정적이기 쉽다. 교사는 급우들에게 위해를 가하는 아이에 대한 자신의 감정을 다스릴 필요가 있다.

종종 교사가 기획한 모임에서 무엇이 논제인가를 학부모가 미리 알게 하는 것이 좋다. 학부모를 위해 더 좋은 시간과 중립적인 장소를 택하는 것도 도움이 된다. 긴장 국면을 없앨수록 회의가 통제 밖으로 내동댕이쳐지는 일이 적어진다. 교사는 특히 차분한 태도를 견지해야 하는데, 학부모가 예의에 어긋나는 행동을 하더라도 그렇게 해야 한다. 만일 학부모가 '예의를 잃는다면' 그것은 그들의 선택이다. 교사는 그와 같은 학부모의 회의 주제 벗어나기 전략에 말려들어서는 안 된다. 만일 학부모가 위협하는 태도를 취하며 비이성적이 되면 교사는 빨리 회의를 끝내고 필요한 도움을 구해야 한다.

3. 토론하는 문제를 확인하고 과업에서 이탈하지 않기

만일 지도가 없다면 우리는 가고자 하는 곳에 어떻게 가겠는가? 논의되는 이슈를 확인하는 것은 문제 해결을 위한 지도의 역할을 한다. 회의가 열리기 전에 논의되는 이슈를 미리 학부모에게 알려 주는 것도 도움이 될 것이다. 이슈에 대한 확인은 '회의 중에 무슨 일이 발생할까?' 하는 학부모의 걱정을 덜어 준다. 학부모는 자신이 아이에 대한 교사의 법정에 왜 호출되었는지 알기를 원한다. 특히 일을 하는 학부모에게 어떤 안건이 논의되는지를 아는 것은 중요하다.

만약 학교에 학부모-교사 회의를 위한 표준적인 프로토콜이 없다면 회의를 통해 학부모와 교사가 기본적인 규칙을 정하는 것이 둘 간의 신뢰를 증가시키는 데 도움이 될 것이다. "우리는 여기서 케이티의 지난 몇 주간의 비행을 논의하고 그러한 행동에 대해 부모님이 무엇을 해야만 하는지를 토론할 것입니다."라고 하기보다는 "지난 몇 주간의 케이티의 행동에 대한 관심에서 회의를 하게 되었고, 우리는 이 대화에서 유익한 것을 얻을 수 있을 것입니다."라고 이야기하는 것이 낫다.

회의의 성공도를 높이려면 기본적인 존중 원칙을 준수하는 게 좋다. "우리가 논의하는 것에 대해 서로의 의견이 일치하지 않더라도 우리는 서로를 존중하면서 이야기하고, 이야기가 옆길로 새지 않도록 할 수 있습니다. 이 모임에 참석하게 되어 화가 나셨을 것이라고 짐작됩니다만 우리 회의의 목적이 줄리가 더욱더 학교생활을 잘하도록 돕기 위한 것임을 유념해 주십시오." 이러한 기본적인 존중 원칙은 회의가 어려워질수록 도움이 된다.

4. 상호 존중하기

모든 사람이 발언할 기회를 가지게 하기 위해 존중은 갈등 해결의 과정에서 핵심적인 위치에 놓여야 한다. '우리는 불일치에 동의할 수 있다.'는 오래된 격언은 존중의 기초 위에서 실현 가능한 것이다. 교사가 학부모에게 동의할 필요는 없지만, 문제 해결 과정에서 해결책이 나오기 위해서는 학부모와 교사가 타협을 위해 서로에 대한 최소한의 존중을 가지고 있어야만 한다. 복잡한 문제를 해결하기 위해서 일하기 전에 양자가 서로 친밀해지는 것은 매우 도움이 된다.

그러한 존중은 '접근 3'에서 지적한 것처럼 공개적으로 진술될 필요가 있다. 처음부터 수립된 존중의 원칙은 토론이 폭풍과 같이 진행될 때도 그것을 제자리로 돌아오게 할 수 있다. "레니 씨, 우리의 존중 원칙을 기억해 주세요. 우리가 서로에 대해서 저급한 비방만 한다면 협력하여 일을 성취할 가능성이 줄어들 것입니다. 고맙습니다." 상대방을 존중하는 태도가 익숙하지 않은 학부모에게는 존중의 태도에 대한 안내가 필요할 수도 있다. 학부모나 교사 중에 나이가 많다는 이유로 배우지 못하는 사람은 없다. 교사는 통제에서 벗어나려는 학부모에 대하여 상대방을 업신여기며 권위를 내세우려고 하지 않아야 한다. 교사의 권위주의적인 태도는 학부모가 그들이 잘 아는 전략으로 회귀하게 만들 가능성이 농후하다. 만일 학부모가 비협조적이거나 전투적이라면 그들은 위협감을 느낄 것이며, 호의를 거두고 대화에서 벗어나 회의를 떠나려고 할 것이다.

마지막으로 존중은 얻어져야 하는 것이지 지위나 권위에 의해 인정되는 것이어서는 안 된다. 교사를 믿지 못하는 학부모는 그들이 과거에 교사에게 취급받았던 식으로 행동할 것이다. 학부모가 좀 더 협조적이 되기를 원한다면 그들이 '고압적인 다른 교사와 달리 이 교사는 정말 내 아이를 위하고 있고, 내가 생각하는 것도 고려해 주는구나. 다음번 대화에서는 좀 더 이야기해야겠구나.'라고 느끼게 해야 한다.

5. 상대방의 말을 경청하기

이는 갈등 해결에서 가장 어려운 부분이다. 상대방의 말을 진실로 기꺼이 들으려고 해야만 한다. 그것은 테이블의 맞은편에 앉아 있는 사람에 대한 평상시의 선입견을 완전히 버려야 함을 의미한다. '평균적인 아버지'는 자신이 배워 왔던 방식으로 아이들을 훈육하며, 새로운 방식과 생각은 잘 모를 것임이 분명하기 때문이다. '무관심한 엄마'는 그녀가 생활에 치여서 무엇을 어떻게 할 엄두도 내지 못하고 아이들이 원하는 대로 내버려 두고 있다고 말할 것이다. 이러한 학부모가 실제로 말하는 것은 무엇인가? 이들의 이야기에서 실제로 문제 해결에 도움이 되는 것은 무엇인가?

경청하기는 학부모가 쓰는 단어를 넘어서서 진행되어야 한다. 목소리의 분위기, 얼굴에 나타나는 표정, 신체 언어 등 모든 것을 관찰해야 한다. 의사소통의 초점은 항상 대화 내용에 있어야 하고, 그 내용은 실천될 계획이어야 한다. 학부모의 말투나 목소리가 싫다고 해서 그것을 아이의 행동에 대한 태도로 간주해서는 안 된다. 만일 학부모가 모두가 동의하는 목표에 협조하려 한다면 그들의 표현이 조야하고 거슬리든지 간에 교사는 그러한 것에 신경을 써서는 안 된다. 교사가 추구해야 할 것은 결과다.

6. 전문적으로 말하고 분명한 표현 사용하기

우리가 서로의 말을 잘 경청한다면 분명 더 나은 계획을 짤 수 있을 것이다. 이를 혼란 없이 수행하는 하나의 방법은 발음을 분명하게 하고, 의미를 정확하게 말하는 것이다. 갈등 해결을 위한 다양한 접근이 그들 각자의 방법을 가지고 있지만 그 접근은 '나' 관점에서 행해져야 한다는 것을 모두가 알고 있다. '당신'이라는 말은 통상적으로 비난으로 간주되며, 사람들을 방어적으로 만든다. "당신은 제니의 행동에 대해 직접 이야기해 보겠다고 했습니다. 당신이 하겠다고 한 어떤 것도 못하겠다는 겁니까?" '나'라는 말은 거기에 '당신'을 포함하고 있을 수도 있지만 '나'는 협조하겠다는 파트너십을 표명하며, 이 속에서 '당신'이라는 단어는 비난하는 투로 사용되지 않는다. "저는 부모님이 제니의 행동에 대해 제니에게 이야기할 수 있기를 바랍니다. 그것은 제니와 학교에서 잘 생활할 수 있도록 저에게 힘을 줄 것입니다. 지난주에 우리가 하기로 한 것을 부모님이 수행하시는 데 제가 뭐 도울 일은 없겠습니까?"

'나'라는 말은 일반적으로 더 솔직하다. 우리는 다루기 어려운 학부모가 무엇을 생각하는지 모른다. 우리는 그저 우리가 행하는 것에 대해 생각하기를 좋아한다. "당신은 단지 이 계획이 성공하지 않을 것이라고 확신하기 위해서 그렇게 했군요." 그러나 보다 더 나은 방식은 우리의 생각과 느낌을 이야기하는 것이다. "저는 페퍼 씨와 의견을 공유합니다. 저는 우리가 지난주에 짰던 그 계획이 효과가 없다면 실망할 것입니다. 그것은 우리가 디자인한 어떤 것을 잃어버린 것과 같은 느낌을 줍니다. 이번 주에 그것이 작동할 기회를 늘리기 위해 제가 할 수 있는 일이 있겠습니까?" 학교 일에 회의적인 학부모에게 '나'라는 말을 사용하면 이 학부모는 평상시보다도 훨씬 더 문제 해결에 헌신하는 태도를 보일 것이다.

우리는 학부모에게 '교육적 언사'가 아니라 오해가 없는 분명한 언어를 사용해서 말해야만 한다. 이는 분명하다. "우리는 조지가 다른 아이들을 때리는 것을 허용할 수 없습니다. 그것은 다른 학생들에게 정당한 일이 아니며, 학교 규칙을 어기는 것입니다. 우리는 조지가 자신의 행동 때문에 정학당하는 것을 피하도록 하기 위해 부모님의 도움이 필요합니다." 이와 같은 말은 정확하고 간결하며 초점이 맞추어져 있다. 학부모나 교사 모두에게 의미하는 바가 전혀 모호하지 않다.

7. 협력과 성공을 창출하기 위하여 적절한 시점에 대한 동의 확인하기

성공이라는 표현처럼 성공하는 것은 없다! 따라서 우리가 어려운 문제에 부딪혀 쓰러지기 전에 문제 해결의 과정에서 가능한 한 빨리 성공을 하도록 해야 한다. 그러한 윈-윈 포지션(win-win position; Drew, 2002)에 이를 확률은 당사자들이 그들의 목표를 향해 성공적으로 가고 있음을 느낄 때 증가한다. 대부분의 갈등에서는 양자에게 낮은 위협이 되는 것이 존재한다. 작은 부분일지도 모르지만 그러한 작은 것을 통한 진전이 당사자가 좀 더 어려운 상황에 처했을 때 나아갈 수 있는 힘이 된다.

회의적인 학부모를 차분하게 만드는 작은 합의점에는 어떤 것이 있는가? 당신들은 당신들이 보호하고 있는 아이의 문제를 해결하기 위해 함께 애쓰는 중이다. 당신들은 아이의 전반적인 학교생활이 나아질 수 있도록 돕는 데 관심이 있다. 당신들은 문제가 악화되는 것을 피하고 싶어 한다. 당신들은 서로를 알려고 노력한다. 당신들은 상대의 관점을 이해하려고 노력한다. 학부모를 차분하게 하는 보다 구체적인 방법은 무엇인가? 문제를 유발하는 아이의 긍정적인 특성을 확인하고, 아이의 문제행동을 다른 관점에서 보며, 아이가 다른 방식으로 행동할 수 있음을 인정해 주는 것 등이다. 아이들의 음악이나 의복의 특성에 관한 좋은 이야기는 학부모와의 긍정적인 연결을 맺는 데 좋은 방법이다. 당신이 '좋은 것'에 머무르려는 학부모에게서 어떤 긍정적인 요소를 찾아내는 것은 문제 해결의 단초가 된다.

8. 불일치의 지점 확인 및 절충하기

이는 이미 전술한 '좋은 것'이다. '접근 8'은 갈등 해결의 가장 어려운 부분이고, 여기에는 부모가 중요한 사건에 집중하게 할 가능성을 높이는 작용을 하는 초기적인 요소가 포함된다. 이는 비협조적인 학부모가 허리케인이 씩씩하게 와서는 늪의 장애물을 날려 버리는 것처럼 좋아지게 하는 부분이다. 그러나 '접근 1~7'이 작동한다면 학부모와 교사는 안전함과 평온을 느끼고, 수행되어야 할 목표에 동의하며, 서로의 말을 귀담아 듣고, 솔직하고 명확하게 이야기하여 어려운 이슈가 더 이상 어렵지 않게 느껴져서 공통의 이해를 긍정적으로 확인하게 된다.

거친 것을 다루는 데 있어서의 주요 변수는 학부모와 교사가 유연하고 적극적으로 타협하려는 능력이다. 상호 간의 승리는 두 사람 모두 패배하거나 혹은 한 사람만 이기는 것이 아니다. 상호 간의 승리는 앞의 2가지 가능성의 가운데에 있다. 타협은 양쪽이 모두 자신을 굽히고 더 나은 것을 위해 기꺼이 무엇인가를 포기하는 것을 요구한다. 양쪽은 상호 간의 승리를 위해 모두 패배하는 것을 피하고, 또 한편만이 이기는 것도 피해야 한다. 만일 한 당사자가 경직적이어서 '성취를 얻기 위해 포기하는' 것을 거부하면 진정한 타협은 일어날 수 없고, 결국 양자는 그들의 노력에서 아무것도 얻지 못한 것처럼 느낄 가능성이 크다.

불일치를 다루는 한 방법은 장애가 되는 벽을 쓰러뜨리는 데 예상보다 훨씬 더 많은 시간이 걸린다는 것을 서로 인정하는 것이다. 시간은 양자에게 서로 다른 통찰을 줄 수 있는데, 특히 단기 문제 해결 회기에 필요한 것보다 더 많은 시간이 주어질 때 그러하다.

양자는 언어로 묘사된 상황을 알 수 있도록 불일치의 요점을 기술하라. 때로 우리는 본질의 문제에서 벗어나 있는 장황함에 매달리기 쉽다. 실제 불일치의 지점이 기술되면 그것은 양자가 중간지대로 가기 위해 그들이 무엇을 포기해야 하는지를 식별할 수 있게 한다. 고집 센 학부모가 이를 받아들이지 않으면 교섭의 배는 난파할 가능성이 있다. 모든 당사자가 모든 항목에 기꺼이 절충하지 않을 수 있음을 아는 것 또한 중요하다. 만약 테이블에 4가지의 불일치가 있고, 학부모-교사 회의를 통해 3가지의 합의를 이끌어 내었다면 그것은 상당히 성공적이라고 할 수 있다. 논의된 첫 번째 불일치가 학부모가 굴복하기를 거부하는 것이 아니라면 다음의 3가지 항목을 테이블에 올릴 수 있음을 희망하라.

9. 계획을 수행하기

타협의 계획이 수립되면 양자가 모두 거친 초안일지라도 거기에 마련된 계획을 검토할 수 있어야 한다. 쓰인 계획 '들여다보기'는 양자가 문제를 찾고 그 해결책을 마지막까지 검토할 수 있게 한다. 또한 계획 들여다보기는 한 당사자가 최종 결정에 대해 잘못된 이해를 한 채 회의장을 떠나는 것을 방지할 수 있게 한다.

계획에 대한 헌신은 2가지를 요구한다. 첫째, 향후 무엇이 일어날까에 대한 학부모와 교사의 합의가 있어야만 한다. 둘째, 양자는 초안에 서명함으로써 자신들이 그 계획이 이루어질 수 있도록 노력하겠음을 구두로 표현해야 한다. 기꺼이 노력하겠다는 표시를 함으로 인해 양자는 진전하는 데 헌신하고, 개인의 역할이 무엇인가를 구체적으로 알고 나서 다음 지점으로 이동한다.

10. 책임을 확인하기

학부모와 교사는 회의가 끝나고 계획이 시작될 때 그들이 무엇을 해야 할지를 분명히 해 두어야 한다. 이는 계획 단계에서 양 당사자가 기술된 계획에 디자인된 각 항목을 누가 담당할 것인가를 식별하고, 그것에 과업 이외에 각자의 주도로 들어감으로써 이루어질 수도 있다. 교사와 학부모가 서로 유사한 유형의 항목을 수행하도록 하여 한 당사자가 너무 많은 부담을 느끼지 않도록 해야 한다. 학부모가 교사보다 더 많은 책임을 가지게 되면 학부모는 계획이 왜 그렇게 만들어졌는지, 그리고 그것이 아이들에게 얼마나 이롭게 작용하는지에 대해 철저하게 이해해야만 한다. 교사는 영문도 모르고, 기꺼이 도전하려는 의지도 없는 상태의 학부모에게 수많은 책임을 '떠안기는 것을' 피해야만 한다. 할 수 있다면 교사는 학부모보다 '하나 이상의 더 많은' 과업을 받아들임으로써 계획에 대한 깊은 믿음을 보여 줄 수 있도록 노력해야 한다.

'접근 9'와 '접근 10'은 이것이 교사와 학부모에게 동시에 수용될 때 가장 잘 작동된다. 한쪽에게 어떤 과업이 '도전 불가능한' 것으로 여겨지면 그쪽에서는 그 과업을 수행하려고 하지 않을 것이다. 교사는 그 과업이 실제로 가능한 것임을 보이기 위해 학부모가 '한두 번 노력을 하도록' 그들을 격려해야만 한다. 학부모는 여타 조치를 시도하는 데 진이 빠졌을 수 있으며, 그리하여 실패할 것으로 생각되는 것은 시도조차 하지 않으려고 할 것이다.

어떤 과업을 누가 책임지는가는 정확한 언어로 식별되는 것이 최선이다. 너무 많은 계획은 실패하기 마련인데, 이는 덜 구체적인 과업 할당 때문이다. "오늘 만나서 이에 대해 논의하고 계획을 수립할 수 있어서 좋았습니다. 각자가 맡은 부분을 확인하지요." 제5장에서 주어진 가이드라인과 함께 구체화는 계획의 성공 가능성을 더욱 높인다. "저는 우리의 논의와 계획이 잘 이루어져서 매우 좋습니다. 이제 이 계획의 각 부분을 확인하고 누가 맡을 것인가를 정하지요. 저는 계획 3, 4와 5를 수행하겠습니다. 부모님은 계획 1, 2, 6과 7을 수행해 주세요. 4와 5는 저와 부모님 모두가 수행해야 합니다. 적당한가요?" 계획의 검토는 각자가 맡은 역할에 대한 잘못된 이해를 줄이고, 계획의 성공 가능성을 높인다.

11. 추수 점검하기

왜곡된 대화와 같이 계획이 작동되도록 하는 노력의 실패 이유는 양자가 추수 점검을 하지 못하기 때문이다. 추수 점검의 역할은 4가지다. 먼저, 주체에게 계획이 아직 진행 중임을 상기시킨다. "우리는 우리의 처음 세 번째 단계까지 성공적인 듯합니다. 우리의 다음 리스트는 무엇인가요?" 둘째, 계획을 수행하다가 어려움을 겪는 편이 다른 편에게 조언과 지지를 얻도록 한다. "솔직하게 저는 우리가 두 번째 단계에서 실행하기로 한 것이 어렵습니다. 제가 그것에 대해 다른 각도에서 접근하도록 조언을 주셨으면 좋겠습니다." 셋째, 그들의 책임이 어디에 있는가를 각 당사자에게 계속 상기시킨다. "자, 이제 저는 첫 3단계를 끝냈습니다. 부모님의 첫 3단계는 어떠셨나요?" 넷째, 계획이 수행되면서 변형이 필요한 부분을 확인시킨다. "우리가 리스트의 5단계까지는 성공적이었습니다만 이후에는 지금까지 우리가 했던 것처럼 일이 잘될 것 같지 않군요. 계획을 수정하기 위해 만날 필요가 있지 않을까요?"

추수 점검하기는 학부모와 교사 모두에게 필수적이다. 추수 점검하기는 가정과 학교 환경 사이의 의사소통의 수준을 증가시킨다. 양자는 그들이 서로를 확신하고, 미래에도 함께 이야기할 것임을 알아서 무엇이든 간에 대화하는 데 성공한다면 그것으로도 좋은 것임을 인식해야 한다. 추수 점검하기는 힘차게 노력하는 학부모와 함께 아이의 상황이 개선되기를 바라는 사람들이 있다는 희망의 메시지를 보내는 것이다. 추수 점검하기는 학부모가 계획이 진전되는 데 분명한 책임을 가지고 있음을 명백하게 한다. 학부모의 계획에 대한 동의는 학부모의 책임의 끝이 아니다. 성공적인 계획은 학부모와 교사가 그것을 실현하도록 노력함을 요구한다.

교사는 종종 과도한 업무 때문에 추수 점검하기를 잊는다고 지적을 받는다. 교사는 종종 그들의 생활을 수천 가지의 계획 리스트를 체크하는 데 다 써 버려서 결코 뒤돌아가지 않으며, 얼마나 많은 부가적인 주의와 변형이 필요한지를 안다. 교사에게는 수행해야 할 일이 계속 쇄도할 것이며, 그것은 우리가 더욱 빠르게 달리도록 할 것이다.

그것이 교육 체계의 본성이지만 우리에게 추수 점검하기를 요구하지 않아도 될 것도 있고, 우리는 그러한 상황에 순서를 매겨서 일이 잘 이루어지도록 해야 한다. 시간은 통상 우리가 너무 적게 가지고 있는 소중한 재화다. 그래서 우리는 학부모에게 시간을 내 달라고 요청할 필요가 있는데, 그렇게 함으로써 예방 활동을 좀 더 잘할 수 있기 때문이다. 이상이 우리가 개입 계획에 대해 추수 점검을 하고자 하는 가장 중요한 본질이다.

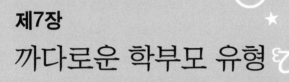

제7장

까다로운 학부모 유형

제7장 까다로운 학부모 유형

면담에는 다양한 성격 유형을 가진 학부모가 참석한다. 우리는 종종 아이들이 문제가 되는 행동을 어디에서 배워 오는지 금세 알게 된다.

까다로운 사람들에 대한 다양한 설명을 제공하는 여러 자료 중 가장 적합하고 유용한 정보를 찾으려면 오하이오 문헌자료센터 (Ohio Literacy Resource Center; http://literacy.kent.edu)를 보면 된다. '까다로운 사람들과 일하기(Working With Difficult People)'라는 프로젝트 웹페이지의 주안점은 직업 현장에서 경험할 수 있는 까다로운 성격에 관한 것이다. 이것이 설명하는 상호작용의 기본 형태는 학부모-교사 면담에서 반항적인 학부모에 대한 대처 방안을 설계하는 것에 도움을 준다. 따라서 이러한 영감에서 기인한, 자료에 대한 신뢰를 바탕으로 그러한 성격 유형이 까다로운 학부모와 일하는 것에 어떻게 적용되는지를 살펴보고자 한다.

공격적인 학부모

다른 아이들을 괴롭히는 아이들을 다루면서 상대하게 될 가능성이 가장 높은 학부모 유형의 특징은 이러한 아이들이 부모의 모든 것을 보고 배운다는 것이다. 이 학부모는 언성을 높이거나 신체적 위협을 가함으로써 사람들에게서 자신이 원하는 바를 얻어 오는 것에 익숙하다. 그들은 법적으로 문제가 되는 선을 넘지 않으려고 하므로 결과적으로 보면 교사를 공격하지는 않을뿐더러 권위에 대항하여 문제가 생기지 않는 선의 태도를 취한다.

공격적인 학부모(Parent Bully)는 우리가 만나는 학부모 유형 중 가장 불쾌한 유형임이 분명하다. 그들은 학교 관련 인사에게 어떠한 애정도 없을 것이다. 그들은 또한 자신이 원하는 방향으로 논의를 이끌어 가기 위한 방법을 찾기 직전까지 우리를 참아 낼 것이다. 그들은 주도권을 차지하고 싶어 하기 때문에 그들의 힘(power)을 빼앗는 것은 그들에게 두려운 일일 것이다. 결과적으로 그들은 자신이 협박당한다는 느낌을 가지지 않도록 하는 데 필요하다고 생각하는 방법이라면 무엇이든 사용해서 면담을 통제하기 위해 격렬하게 투쟁할 가능성이 있다.

공격적인 학부모를 대하는 현명한 방법은 힘에 대한 그들의 욕구를 인지하고, 그들에게는 면담의 목적이 자신의 권위를 없애고자 한다는 인상을 줄 우려가 있으므로 직접적인 대립은 피하는 것이다. '면담 초반에 중립적 대화의 영역으로 들어가는 것'은 중요

하다. 교사와 학부모 사이에 공통점이 있는가? '공통점을 찾는
것'은 방어를 낮출 수 있는 기회를 증가시키기 때문에 다루기 어
려운 사람을 대할 때 필수적이다. 공격적인 학부모는 공감대가 형
성되면 면담에서 상황을 지배해야겠다는 충동을 덜 느끼게 된다.
자신이 호감을 느끼는 누군가를 협박하는 것이 그들에게는 어려
운 일이기 때문이다.

'공격적인 학부모를 두려워하지 마라.' 두려움이야말로 그들이
익숙하게 사용하는 도구다. 그러나 그들을 대할 때 다소의 불편함
이 있을 수 있음을 예상해야 한다. 피치 못하게 점차 뻣뻣해질 수
도 있다. 우리의 신체는 매우 긴장할 것이다. 심장이 평소보다 더
빨리 뛰는 와중에 뒷목이 뻣뻣해지는 것을 알아차릴 것이다. 우리
의 몸은 싸울 태세를 취하거나, 달아날 준비를 하거나, 얼어 버릴
것이다. 제대로 긴장을 완화하는 데 도움이 되는 방법의 하나는
호흡을 주시하는 것이다. 우리는 긴장을 하면 얕은 숨을 쉰다. 이
때 심호흡을 하면 몸 전체에 보다 많은 산소를 보내 진정할 수 있
게 된다. 이런 방식으로 침착함을 유지한다면 공격적인 학부모는
당황할 것이다. 냉정함을 유지함으로써 우리는 상황을 지배할 수
있다.

종종 우리는 공격적인 학부모가 실제로는 익히 들어 온 그들의
악명만큼 사납지 않다는 사실을 알게 된다. 막상 대면했을 때 겪
는 것보다 돌고 도는 소문이나 아이들의 이야기를 통해 학부모의
이미지를 훨씬 더 나쁘게 그리기도 한다. 학부모와의 직접적인 상
호작용을 통해서 그가 어떤 사람인지, 진실된 그의 가치는 무엇인

지를 파악하도록 하라. 공격적인 학부모는 당신이 알고 있는 그들의 악명에 부응하지 않을 수도 있다. 당신이 마법을 부릴 수도 있다. 또한 이들은 앞서 언급한 그들의 대책 없는 자녀들에게 완전히 지쳐 버려 당신의 도움을 필요로 하는 상태일 수도 있다. 사자와 양치기의 이솝우화처럼 공격적인 학부모는 학교 인사가 자신에게 전형적인 '나쁜 학부모'로서의 대우보다 친절함을 베풀어 주길 원하고, 이에 은혜를 갚고자 할 것이다.

침묵하는 학부모

침묵하는 학부모는 할 말이 거의 없거나 말을 하지 않아 학교 당국자가 모든 일을 하게끔 하는 방법을 선택한 사람들이다. 무엇을 말해야 할지 모르는 입장이거나 혹은 교사와 다른 입장이기에 반응을 하지 않는 학부모는 연민과 친절을 통해 상호 문제 해결 과정에서 보다 적극적인 동반자가 되도록 교육할 수 있다. 침묵으로 일관하는 태도는 완고함이나 적개심에서 비롯되며, 이는 교사에게 상당한 어려움을 초래한다. 이것이 바로 우리가 여기서 주로 살펴볼 학부모 유형이다.

침묵하는 학부모를 대할 때에 교사는 계속해서 이야기하는—자신이 가장 잘하는 것—경향이 있다. 이것이야말로 침묵하는 학부모가 원하는 것이다. 우리가 이야기를 할수록 그들은 주제나 계획에 집중하지 않는다. '어쨌든 이건 당신의 의견입니다.'라는 반응은 문제가 있거나 실패한 계획에 대한 그들의 기본적인 태도다. 그렇게 말려들게 되면 비로소 우리는 그들의 '신뢰'를 얻게 된다. 양쪽 모두를 위해 편파적인 계획의 구상은 금물이다.

침묵하는 학부모는 오직 그들이 필요할 때에만 반응한다. 그러므로 그들에게 대답해야 할 이유를 주어야 한다! 침묵하는 도전자와의 면담 초기에 이러한 명분이 명확해진다면 그들에게 요구를 하라.

> "노우 씨, 우리가 오늘 여기에서 하려고 하는 것은 이 시간 이후에 우리 모두가 따르게 될 계획에 관한 것입니다. 저는 부모님의 생각이나 의견 없이는 아무것도 할 수 없습니다. 저는 부모님이 관여하지 않는다면 아무것도 하지 않을 것입니다. 왜냐하면 부모님이 우리가 우선적으로 해결해야 할 문제에 도움을 줄 팀원이 될 것이라고 믿기 때문입니다. 만약 제가 저 혼자서 문제를 해결할 수 있었다면 벌써 오래전에 모두 해결이 됐겠지요. 이것이 제가 부모님에게 도움을 부탁드리는 이유입니다. 저에게는 부모님의 통찰력이 필요합니다."

침묵하는 학부모는 반응하지 않음으로써 상황을 통제하곤 한다. 자신이 아무것도 하지 않으면 다른 이들이 모든 일을 해야만 한다. 침묵하는 학부모의 힘은 그들의 능력이 항상 옳다는 데 있다. 그들은 아무것도 제안하지 않지만 자신이 계획이나 활동 혹은 어떤 다른 모험을 좋아하지 않는다는 이유로 다른 사람들을 비난

할 수 있다. 침묵하는 사람들의 관점에서 보면 아무것도 무리하지 않는 것은 무엇인가를 얻는 것이다! 만약 우리가 그들을 그렇게 내버려 둔다면 그들은 계획의 어떤 부분에도 책임을 지지 않음으로써 우세한 위치를 유지한다.

"노우 씨, 우리가 성공적인 계획에 대하여 알아야 할 것 중 하나는 양쪽 모두 최종 계획을 위해 무엇이든 기여할 의지가 있어야 한다는 것입니다. 솔직하게 말하면 지금 마치 저 혼자서 헬렌을 위해 가능한 모든 대안을 만들고 있다는 느낌이 드네요. 우리가 함께 일하고 있다는 걸 느끼지 못하겠으니 다음 화제로 넘어가기 전에 부모님의 의견을 듣고 싶군요. 부모님이 여기에 오신 이후로 이 과정에 대하여 생각하거나 기여하고 싶은 것이 있으신지요?"

침묵하는 학부모를 다루는 방법은 비록 그들이 말하는 것이 일어나고 있는 일에 대해 비판하는 것이라 할지라도 그들이 대화에 참여할 수 있는 어떤 시발점을 만들어 내는 것이다. 만약 침묵하는 학부모가 불평을 한다면 최소한 협상할 수 있는 여지를 얻어 낸 것이다.

"알았습니다. 노우 씨는 우리가 지금 하고 있는 것이 썩 마음에 내키지 않는다는 말씀이시군요. 저는 부모님의 어떠한 의견에도 귀 기울일 준비가 되어 있습니다. 노우 씨의 생각에 우리가 취해야 하는 방향은 어떤 것입니까? 저는 가능하다면 어떤 식으로든 부모님과 함께 일하는 것을 몹시 바라고 있습니다."

침묵하는 학부모의 참여를 높이기 위한 요령은 그들이 꾸준히 참여하도록 하고, 나아가 그들에게 반응을 이끌어 내기 위한 작은 자극을 제공하는 것이다.

핑계를 대며 지연시키는 학부모

핑계를 대며 지연시키는 학부모는 최소한의 목표를 달성하기 위해 대화를 시도한다는 점에서는 침묵하는 학부모보다 한 단계 앞서 있다. 지연시키는 학부모는 처음 또는 잇따른 면담을 위하여 학교에 와야만 하는 것을 꺼리거나 합의된 계획을 시행하는 것을 주저할지도 모르지만 최소한 왜 그들이 시간을 끄는지에 대한 '이유'는 말해 준다. 설사 그것이 진짜 이유가 아니라고 하더라도 그것은 에둘러 가려는 그들의 계획을 전복시킬 수 있는 어떤 실마리를 제공할 것이다.

이들은 계획에서 무엇을, 또 그들의 역할을 어떻게 해 나가야 하는지에 대한 확신이 없기 때문에 말 그대로 시간을 끄는 것일 수도 있다. 그들이 무엇을 해야 하는지를 세세하게 검토하여 어떤 부분을 수행해야 하는지 명확하게 알 수 있도록 하는 충분한 검토가 있었는가? 그들이 자신의 역할을 이해하기 위해 추가적인 도움이 필요한가? 학부모는 종종 자신의 역할을 성공적으로 완수하지 못할지도 모른다는 두려움을 가지고 있으며, 학교 교직원을 실망시킬까 봐 주저한다. 그들은 우리가 인식하는 것보다 그들을 더 심각한 '문제아'로 보지 않을까 두려워한다. 이러한 망설임은 잘하고 싶은 마음에서 오는 것이어서 이들과 함께하는 것은 보다 수월하다. 그들에게는 단지 더 나아가기 위한 추가적인 격려나 도움이 필요할 뿐이다.

다른 주저하는 사람들은 권력과 통제의 원리에 따라 행동한다—까다로운 학부모 유형 사이에 발생하는 이러한 패턴이 보이기 시작하는가? 우리의 수행 능력이 실제적으로는 그들의 수행 능력과 연결되기 때문에 합의된 계획을 수행하지 않거나 원래 일정보다 더 느리게 진행함으로써 본인에게 유리하도록 하는 것이다! 이러한 지연자가 게임에 온전히 참여하도록 하기 위해서는 공손한 권유를 필요로 한다.

> "노우 씨, 이번 주에 다시 한 번 만나 뵙고 가정에서 일이 어떻게 돌아가고 있는지 확인하고자 합니다. 저는 이렇게 자주 확인하는 것을 별로 좋아하지 않습니다만, 따님과 대화가 얼마나 진행되었는지를 제게 알려 주실 때까지 사전에 합의된 계획을 계속해서 진행하기가 어렵다는 것을 말씀드리고 싶습니다. 제가 뭔가 도와 드릴 일이 있나요?"

지연자는 왜 자신이 해야 할 역할을 해내지 못하였는지에 대해 여러 가지 '이유'의 목록을 열거한다.

> "노우 씨, 세상살이가 뜻대로 안 되고 계획대로 흘러가기 어렵다는 것은 이해합니다만, 솔직히 말씀드리자면 우리가 지난주에 동의했던 계획대로 시작해 주시지 않을 경우 학교에서의 상황을 더 이상 나아지게 하기가 많이 힘들다는 점을 알아주셨으면 합니다. 혹시라도 일을 더 수월하게 시작할 수 있도록 다시 협상하는 것이 필요하시다면 저는 기쁘게 응할 것입니다만, 지금 우리는 지난주에 겪었던 것과 같은 문제에 고착되어 있다는 것을 이해하셔야만 합니다. 그리고 가정에서 부모님이 먼저 첫 단계를 시작해 주실 때까지는 어떠한 개선도 보장드릴 수 없습니다. 저는 이번 주 중 어떤 날이든지 방과 후에 부모님을 뵐 의향이 있습니다. 첫 단계를 시작하기 위해 우리가 도와 드려야 할 일이 무엇일까요?"

책임감에 대해 계속 이야기하는 것은 그들에게 지속적으로 '주시되고 있다.'는 메시지를 주는 것으로 그들은 이에 대응하는 것이 익숙치 않을 것이다. 계획에 동의하는 것만으로는 충분하지 않다— 실제로 이를 이행해야 함을 알게 하는 것이 그들에게 익숙했던 규칙을 변화시킨다. 지연자는 빠져나가기 위해 미루는 것이다. 사람들은 지연자가 합의된 부분을 이행한다는 것을 믿을 수가 없기 때문에 결국 그들에게 아무것도 기대하지 않게 된다. 그들이 가장 원하는 것은 우리가 사라지는 것이므로 지연자에게 지속적으로 공손하게 부담을 주는 것은 그들이 행동하도록 이끄는 유일한 방법이다! 우리가 사라지지 않으면 지연자는 선택을 해야만 한다. 우리는 지연자에게 끈기와 인내를 가져야만 한다. 우리는 계획에 대한 책임감과 성실함을 바탕으로 그들을 인내하며 기다려야 한다.

부정적인 학부모

부정적인 학부모는 '아니요.'가 모든 것을 수렁에 빠지도록 만드는 데 쓰인다는 오랜 믿음을 지니고 있다. "별 효과가 없을 겁니다."가 그들의 경구다. 그 어떤 것도 절대로 문제를 해결할 수 없다―학교는 나쁘고, 선생님도 나쁘며, 인생은 불공평하고, 그들의 아이는 결코 좋은 기회를 얻지 못할 것이다. 부정적인 학부모는 회의의 결과가 무엇이든지 간에 그것이 실패할 것이라고 믿기 때문에 어떤 계획을 세우는 데 참여할 경우 특히 까다롭게 군다.

지연자와 마찬가지로 부정적인 학부모에 대해서는 그들이 부정적인 계획으로 공격하는 것을 견디기 위한 끈기와 인내심이 필요하다. 때때로 삶의 어려움에 대한 부정적인 학부모의 신념을 '인정하는 것'이 도움이 된다.

"노우 씨, 저는 당신에게 전적으로 동의합니다. 요새는 아

이들을 키우기가 매우 어렵지요. 교실에서 아이들과 함께 지
내는 건 정말로 고된 일이에요. 이것이 바로 우리가 지난 몇
주 동안 헬렌과 함께해 왔던 것처럼 문제를 해결하기 위해서
부모님과 함께 팀을 이루어야 하는 이유입니다. 아버님이 지
적해 주신 것처럼 요즘은 아이들을 기르고 가르치기가 어렵
기 때문에 우리는 가정과 학교 양방향에서 아이들의 여러 분
쟁을 해결하기 위해 부모님과 교사가 팀을 이뤄야 한다고 생
각합니다."

부정적인 학부모는 독설을 이용해서 계획을 세우려고 하는 면
담 분위기를 망치는 데 익숙하다. 명심할 것은 부정적인 학부모는
어떤 것도 소용없다고 생각한다는 것이다. 그 어떤 것도, 심지어
그들이 빠져나갈 수 있는 것조차도 말이다. 삶의 어려움에 대한
부정적인 학부모의 시각에 기본적으로 공감함으로써 일시적으로
그들의 비애와 고뇌의 세계를 지지할 수 있는 한편, 향후 의사소
통에서 우리를 배제하지 않을 만큼의 호기심도 충분히 가지게 할
수 있다. 우리가 그들을 확신시킬 수 있는 또 다른 기회를 얻을 수
있도록 문을 충분히 오래 열어 놓기 위한 노력이 필요하다. 그들
의 관점에서 보면 이 모든 것이 왜 쓸데없는 짓인지에 대해 귀 기
울여 들을 수 있도록 우리에게 충분한 시간을 주는 셈이다. 장기
적으로 볼 때, 결과적으로 그들이 지쳐 포기하고 상황을 개선할
계획에 관여하도록 만들기 위해서라면 기꺼이 언제까지고 그들에
게 귀 기울여야 할 것이다.

"노우 씨, 오늘 저는 따님의 태도를 개선시키려는 계획이
학교에서는 성공하지 못할 것이라고 믿는 아버님의 모든 이
유를 정리해 보았습니다. 우리는 아버님이 걱정하고 있는 많
은 것에 대해 이야기할 수 있으리라 생각합니다. 저는 지금 계
획을 실행하기 이전에 그것에 대해 하나하나 이야기하고자
합니다."

부정적인 학부모는 그들의 변덕스러운 부정적 태도 때문에 교
육자가 포기하도록 만드는 것에 노련하므로 결국 이기게 된다. 만
약 그들이 계획을 시작하는 것이 얼마나 쓸데없는 일인지에 대해
우리를 설득할 수 있다면 그들의 세계관은 손상되지 않을 것이다.
"역시 그들이 옳았어. 모든 게 좋지 않아. 상황이 얼마나 안 좋은
지에 대해 그들의 말을 듣고 나서 그 문제를 해결하기 위해 시도
조차 하지 않았던 것까지도 말이야. 이런 세상에, 이렇게 참담할
수가. 이건 말도 안 돼!"
우리는 우리가 할 수 있는 최선을 다해 부정적인 학부모가 자신
의 좌절과 걱정을 말하게 하도록 한 후 그들이 우리의 계획을 이
행할 수 있도록 다루어야 한다.

"노우 씨, 이 계획이 성공하지 못할 것이라고 믿는 수많은
이유가 있으시겠지만 이번 딱 한 번만 집에서 시도해 보시겠
다고 약속해 주시면 어떨까요? 딱 한 번만요. 저는 헬렌이 이
계획을 잘 따라 줄 것이며, 아버님도 분명히 놀라시리라고 생

각합니다. 한 번만 이 계획을 시도해 주신다면 우리는 상황이 어떻게 진행되고 있는지를 검토하기 위해 다음 주에 다시 만날 것입니다. 만약 이것이 성공한다면 우리는 재차 성공할 수 있는 여러 가지 다른 방법에 대하여 논의할 수 있을 것입니다. 만약 성공하지 못한다면 제가 어떻게 틀렸는지 이야기해 주시고, 함께 무엇이 잘못되었는지를 논의한 후 앞으로 효과가 있을 법한 방법을 몇 가지 골라서 시도해 볼 수 있겠지요. 부디 함께 한 번만 애써 주시겠습니까?"

부정적인 학부모는 아무리 작은 부분이라 할지라도 성공하지 못한다는 점에 신경이 쏠려 있기 때문에 교육자는 사전에 아이들을 대상으로 100% 성공이 보장된 실질적인 전략을 알고 있는 것이 좋다. 실패할 리 없는 계획(fail-proof idea)은 아이들에게는 재미있어야 하고, 학부모에게는 약한 위협이 되며, 양쪽 다 기꺼이 원하는 것이어야 한다.

불평하는 학부모

다른 까다로운 학부모 유형과 마찬가지로 불평하는 학부모는 결점을 찾으려고 하는 경향이 있다. 그들은 일을 더 재밌게 만들기 위해 부정적인 학부모의 포장을 쓰고 본성을 숨긴 채 나타난다. 그리고 아틸라(Attila; 훈 족 왕, 난폭한 정복자)의 부정 씨와 불평

여사 부모가 등장할 때까지 기다린다.

불평하는 학부모는 비판적이다. 부정적인 학부모는 왜 아무것도 소용없는 일인지를 이야기하는 반면에 불평하는 학부모는 우는 소리를 한다. 어떤 일이 효과가 있을 수는 있지만 충분히 효과적이지는 않다는 것에 대해 불평한다. 불평하는 학부모는 현재 주어진 상황보다 더 나은 어떤 것이 있을 것이라고 생각한다. 그들은 시끄럽게 굴지만 꼭 그렇지는 않다. 불평하는 학부모에게 있어서 재미있는 상황은 우리로 하여금 아무것도 하지 않는 것이 얼마나 잘한 것인지를 깨닫게 만들거나 면담에 앞서 문제를 해결하지 못한 것에 대해 낭패감을 느끼게 하는 것이다. 불평하는 학부모는 아주 작은 것이나마 어긋난 것에 대해 비판함으로써 종종 교육자에게 추가적인 고통을 얹어 준다. 그들은 완벽주의의 가면 뒤에 숨어 있지만 완벽함은 그들이 진정으로 원하는 것이 아니다. 그들은 완벽주의를 어떠한 계획이든지 두드려 팰 무기로 사용하여 동서남북 분주히 훼방을 놓아 결국에는 실제로 아무것도 이루어지지 못하게 할 것이다. 참으로 볼 만한 광경일 것이다.

우리는 부정적인 학부모를 대할 때 사용한 여러 가지 요령을 발휘하여 불평하는 학부모보다 한 수 위에서 행동해야 한다. 세상의 불완전함에 대하여 불평하는 학부모에게 처음부터 동감해 주는 것은 좋은 시작 방법이다. 이것은 그들의 항해에 바람을 불어 주는 것과 같다. 물론 이렇게 순탄한 성공의 항해에 바람을 불어 주는 와중에도—우리가 대화의 문을 열어 놓기 위해 조금이나마 그들을 만족시켜 주었음에도 불구하고—그들은 계속해서 배가 암초에 걸리게끔 하려고 할 것이다.

    "노우 씨, 부모님이 우리 학교에 높은 기대를 가지고 계신 것을 잘 알고 있습니다. 물론 어떤 면에 대해서는 재고해야 할 부분이 분명히 있긴 하지만 말이지요. 제 생각에 분명한 건 양쪽 모두 부모님의 자녀에게 최선을 다할 것에 동의했다는 것입니다. 이게 바로 우리가 오늘 여기에 모인 이유지요. 우리가 계획한 모든 것이 양쪽 모두가 기대한 방향으로 성공하지 않을 수도 있습니다만, 저는 여기서 논의한 문제를 해결하기 위한 우리의 상호 협력을 믿습니다."

    불평하는 학부모는 때때로 그들의 불만을 계획으로 통합하고자 하는 술수가 탁월하다. 우리는 그들이 당황할 만한 항목을 제시함으로써 지배의 패러다임을 전복시켜 형세를 역전시킬 수 있어야 한다.

    "우리가 오늘 이야기 나눴던 여러 가지 행동 유형에 관해 염려하고 계시다는 점을 분명히 알고 있습니다. 아버님이 헬렌과 집에 있을 때 3가지 행동에 대해 주의를 주도록 노력해 주실 수 있으신가요? 언성을 높이는 것, 친구들을 향한 버릇없는 행동, 난폭하게 밀치는 행동 말이지요. 이러한 행동이 부모로서 어떻게 느껴지는지에 대한 걱정을 그 아이에게 이야기해 주세요. 저에게 말씀하셨듯이 헬렌의 행동이 부모님을 비쳐 주는 것처럼 느껴진다는 점을요. 저는 지금이 부모님이 헬렌과 이야기를 해서 헬렌 안에 자리 잡고 있는 이러한 가치를 다루기에 적절한 시기라고 생각합니다. 아버님께서 우리 모두가 멈추기를 바라는 이 중요한 3가지 행동에 대해 말씀을 해 주신다면 문제를 해결하는 데 도움이 될 것입니다."

앞의 대화에서 보는 것과 같이 학부모는 그의 자식에 대한 비판을 표현해 왔다. 불평하는 학부모는 균등한 기회를 가진 투덜이다. 그들의 자녀조차도 투덜이 부모의 노여움을 사게 될 수 있다. 불평하는 학부모가 하는 이야기를 듣고 절대 놀랄 필요가 없다. 물론 그들은 방 안에 있는 먹잇감(특히 당신)과 모든 교사, 학교 관계자, 보다 큰 공동체를 해치운 후에야 비로소 자신의 아이를 먹잇감으로 삼으려 할 것이다. 불평하는 학부모를 다루는 전략 중 하나는 그들이 집중할 수 있는 유일한 것이 논의를 시작해서 '집으로 돌아갈' 일만 남을 때까지 그들에게서 '먹잇감'을 빼앗아 버리는 것이다. 일단 논의를 진행하여 그들이 집에 돌아가기 위한 방법말고는 비판할 대상이 없어지게 한다면 그들을 지치게 만들어 계획을 세우는 방향으로 이끌어 갈 수 있을 것이다. 결국 우리는 우리가 직접적으로 통제할 수 있는 사람들과 일할 수 있게 된다.

"우리 아이들이 못된 행동을 할 수밖에 없도록 영향을 미치는 혼란스러운 세상에 대한 부모님의 좌절감에 대해서 잘 들었습니다. 저는 상당 부분 부모님의 의견에 동의하는 바입니다. 사실 저는 거기에 몇 가지를 더 추가할 수도 있을 것 같군요. 하지만 장기적으로 본다면, 사람을 진정으로 변할 수 있게 하는 것은 바로 그 당사자라는 걸 저는 잘 알고 있습니다. 부모님과 교사는 우리 아이들이 더 나은 결정을 하는 것에 큰 영향을 미치는 아주 중요한 역할을 하고 있습니다. 바로 이런 계획을 시도하면서 말이지요. 변화를 가능케 하는 지혜에 대한 확신을 따님에게 심어 주세요. 우리는 원한다면 세상의 모든 몹쓸 것에 관해서 비난하거나 비판할 수 있습니다. 하지만 결국 우리는 이 문제를 해결하기 위해 여전히 함께 노력해야 할 것입니다."

그들의 행동에 대항하고, 그들이 참여하도록 이끌어서 불평을 해결로 돌려놓는 것이 불평하는 학부모를 다루는 열쇠다.

아는 척하는 학부모

모든 것을 아는 척하는 학부모는 우리의 일을 할 수 있다. 그저 부탁만 하면 된다. 아마도 면담을 하러 오기 전에 이미 끝내 놓지 않았다면 그들이 면담 초반에 지나칠 정도로 깔끔하게 끝낼 것이기 때문에 딱히 부탁을 할 필요조차 없을지도 모른다.

아는 척하는 학부모는 실제로 많은 것을 알고 있을 수도 있다.

이러한 시각으로 그들에게 접근하라. 아는 척하는 학부모는 그들의 지식과 해결책이 다른 사람들이 제안한 어떤 것보다도 우수하다고 생각하기 때문에 문제가 된다. 특히 그들의 태도가 교육자의 위신을 떨어뜨릴 때 성가시다. 아는 척하는 학부모가 들어와서 우리가 얼마나 어리석은지 굳이 말해 주지 않아도 엄청난 수의 아이들을 하루 종일 상대하는 것은 충분히 힘든 일이다.

아는 척하는 학부모는 우리와 반대되는 그들의 의견이 계획에 반영될 경우 높은 주인의식을 가질 것이므로 불평하는 학부모와 마찬가지로 계획을 세우는 데에 그들을 어떻게든 참여시킬 필요가 있다.

> "노우 씨, 아버님은 오늘 이 자리에 많은 생각을 가지고 오셨습니다. 정말 대단하시군요. 이 모든 일에 대하여 많은 생각을 하셨다는 것이 보이네요. 제가 만나는 모든 부모님이 아버님처럼 문제를 해결하기 위해 많은 생각을 하셨으면 좋겠네요. 이대로라면 금방 계획을 세울 수 있겠는데요!"

아는 척하는 학부모를 대할 때는 그들을 치켜세워 주는 것이 필요하다. 이렇게 할 수 있는 가장 좋은 방법은 비록 쓸모없을지라도 그들의 생각에 신뢰를 표하는 것이다. 브레인스토밍을 하여 더 많은 생각을 회의에서 내놓으면 무엇이든 성공할 수 있는 가능성은 커진다. 여기서 명심할 것은 만약 이것이 침묵하는 학부모와 대화하는 상황이었다면 사정이 더 안 좋을 수도 있을 것이라는 사실이다! 아는 척하는 학부모는 실제로 몇몇 효과적인 생각을 가지고 있을 수 있는데, 그럴 경우에 이를 계획에 꼭 포함시켜라. 어떤 계획이든 개발되었다면 그것은 협력에 의한 것이며, 따라서 교사와 학부모 모두 최종 계획안에 참여하게 될 것이라는 사실을 납득시키는 것이 그들을 다루는 요령이다.

"여러 관점의 좋은 생각을 포함시키는 것이야말로 가장 효과적인 계획을 만들 수 있다는 점임을 잘 알고 계시리라 믿습니다."

혹은

"아버님의 생각은 정말로 유용합니다. 이것을 최종적인 계획에 포함시킨다면 일이 더 쉬워지겠군요."

혹은

"어떻게 하면 문제를 해결할 수 있을지에 대해 제안하신 아버님의 의견은 정말로 훌륭합니다. 집에서도 이것에 대해 고민하고 계셨다는 것을 알겠네요. 아버님 덕분에 식은 죽 먹기로 이 계획을 함께 마무리할 수 있을 것 같군요."

상황이 얼마나 나쁜지에 대해서만 트집을 잡으려고 하는 불평하는 학부모와는 달리 아는 척하는 학부모의 대부분은 상황을 어떻게 '고칠' 것인가에 대한 생각을 가지고 있다. 당신이 아는 척하는 학부모에게 귀 기울이고 있음을 그들이 '알게 하는 것'이 중요하다. 당신이 그들에게 동의하거나 동의하지 않는 것은 중요하지 않다. 요점은 그들이 '똑똑하기' 때문에 당신이 그들의 의견에 귀 기울이고 있다는 사실을 알게 하는 것이다.

아는 척하는 학부모가 그들의 유난스러운 성격 탓에 거의 쓸모없는 것을 계획에 포함시키려 한다고 가정하지 마라. 우리를 짜증나게 하는 학부모와 함께 있다고 해서 자동적으로 귀를 닫아 버리면 안 된다는 것을 확실히 해야 한다. 그 밖에 다른 해결책(다른 말로 하면 우리를 위해 문제를 해결할 다른 누군가!)이 없다면 우리는 아는 척하는 학부모와 일을 해야만 하므로 가능한 한 빨리 그들이 우리와 같이 일하는 것을 배우도록 하는 편이 낫다.

천사표 학부모

우리들 중에는 천사도 있다! 그들과 함께 일하는 것도 꽤나 흥미롭다.

천사표 학부모는 진짜 상냥하고, 친절하며, 선할 수도 있다. 또는 두 얼굴을 지니고 있을 수도 있다. 가장 효과적인 계획을 세우기 전에 면담에서 어떤 얼굴을 드러내는지를 아는 것이 중요하다.

진짜 천사는 관련된 모든 면에서 좋은 일만 일어나기를 원한다.

문제는 그들이 어떤 역할을 하는 데 있어 문제 해결 능력이나 내적인 끈기를 가지고 있지 않을 수도 있다는 것이다. 아이들을 통제해야 하는 순간에 야단치지 못하거나 본인에게 잘못은 없지만 이미 아이들에 대한 통제력을 상실했을 수도 있다. 그들은 면담이 이루어지는 동안에 교육자를 존경하는 입장에서 칭찬하고 호감을 보일 것이다. 그들은 필요할 때 자신의 의견을 내는 것에 익숙하지 않을 수도 있다. 선의는 있지만 그것을 표현하는 능력이 없을 수도 있다.

진정한 천사들은 격려해 줄 필요가 있다. 의견을 제시하거나 질문하는 것이 괜찮다는 것을 알려 줄 필요가 있다(명백하게도 아는 척하는 학부모에게는 절대로 문제가 되지 않는 것이다.). 만약 그들이 부모 역할을 하는 데 겁먹고 있다면 그들의 도움이 매우 유용하다는 것을 알게 하라.

"오늘 이 자리에 함께해 주신 것을 저는 매우 긍정적인 신호라고 생각합니다. 비록 아버님께서는 아버님이 제공하시는 것이 별 도움이 안 될 것이라고 생각하실지라도 이 계획에서 아버님의 도움을 받는 것은 우리에게 중요합니다. 힘 있는 부모가 될 수 있는 아버님의 능력을 과소평가하지 마십시오. 집에서 따님과 털어놓고 이야기해 보려는 아버님의 의지는 매우 중요하며, 문제를 해결하는 데 도움이 될 것입니다."

반면에 다른 종류의 천사도 있다―두 얼굴을 한 사람들이 그들이다. 두 얼굴을 가진 천사는 그들 앞에 놓인 어떠한 계획이든 파괴하려는 진짜 목적을 위해 협조라는 가면을 쓴다. 그들은 어떤 일이든지 진짜로 하고자 하는 의지가 없으면서 그것을 위해 어떤 일이라도 할 것처럼 구는 가면 뒤에 있다. 자신에게 주어진 역할을 실패함으로써 그 일을 지연시키는 사람들의 전술과 관련이 있다. 부정적인 학부모와 비슷하게, 일반적으로 그들은 자신의 의무를 완수하지 못한 이유에 대해 많은 핑계를 가지고 있을 것이다. 역시 사정을 설명해 준다는 점에 대해서는 친절하다고 볼 수 있다.

두 얼굴을 가진 천사의 베일을 꿰뚫어 보는 것과 그들의 도움을 촉구하는 것이 성공의 열쇠다.

"노우 씨, 저는 우리가 함께 계획했던 대로 헬렌과 이야기를 나누지 못한 이유에 대해 말씀하신 것을 듣고 깊은 좌절감을 느꼈습니다. 정말로 혼란스럽네요. 아버님은 저를 만났을 때 맡으신 역할을 하겠다고 저에게 장담하셨습니다. 하지만 그다음에 만나고 보니 막상 완수한 것이 아무것도 없는 것 같군요. 우리는 지난주에 계획을 검토했고, 아버님이 지적한 문제를 해결했으며, 저는 아버님의 맡은 바가 이루어진 결과로 뒤따라올 좋은 소식을 기대했습니다. 우리 중 1명이라도 함께 동의했던 것을 실행하지 않는다면 과연 함께 계획한 바를 성공시킬 수 있을까 하는 의문이 드네요. 우리의 계획이 제대로 이루어지려면 어떻게 해야 할까요?"

태도를 지적당한다면 보통 불편한 기분이 들 수 있겠지만 다루기 힘든 학부모에게 이것을 직면시키는 것이 꼭 위협이 되는 것은 아니다. 이런 경우는 직면을 통해 교사가 실망한 바가 무엇인지, 어느 한쪽이 맡은 바를 충실히 이행하지 않았을 때 예상되는 바가 무엇인지를 적절하게 짚어 내는 기회가 된다. 부모가 본인의 역할을 제대로 수행했을 때 일어나는 좋은 일에 대해 듣는 것이 교사로서는 가장 인상적인 부분이 된다는 것을 학부모에게 알림으로써 교사는 긍정적인 부분에 초점을 맞춘다는 사실을 명심하라. 이것은 비난하거나 질책하는 것이 아니다. 교사는 두 얼굴의 천사표 학부모에게 어느 쪽이라도 자신의 역할을 하지 않는다면 계획은 성공하지 못할 것이고, 결국 '우리의 계획'을 위해 꼭 필요한 것이 무엇인지를 정확히 이해하도록 다시금 요청하게 될 것이라는 것을 상기시켜야 한다. 아무리 화가 나도 그들이 중도에 포기할 만한 원인을 제공해서는 절대로 안 된다.

중재와 타협은 어떻게 해야 하는가

이러한 유형론은 우리가 평소에 일하면서 만날 가능성이 있는 수많은 까다로운 학부모의 성격 유형을 단순화한 것이다. 이 시나리오는 지면에 창조된 완벽한 세상에 놀라운 해결책을 제시하지만 알다시피 현실은 훨씬 더 예측 불가능하다.

결과적으로 이 해결책은 앞의 학부모 유형 중 어떤 유형에게도 소용이 없을 수 있다. 그렇다면 어떻게 할 것인가? 교육자는 모든 완벽한 기술에도 불구하고 매뉴얼대로 따라 주지 않는 학부모가 때로는 존재한다는 것을 인정해야만 한다. 하지만 그들이 포기할 이유를 제공하지는 말아야 한다는 것도 명심해야 한다. 까다로운 학부모는 아이들과의 힘든 씨름에 더 이상 물러설 곳이 없어지면 여기에서 벗어날 구실을 찾는다. 우리는 항상 까다로운 학부모보다 한 걸음 앞서—비록 그들이 정반대의 모습을 보일지라도—그들이 상황 개선을 위해 진정으로 원하는 바가 무엇인지를 예측할 수 있어야 한다. 그들은 몇 년 동안 스스로 만들어 온 구실에 의지하는 것보다 우리의 이야기를 들었을 때 삶이 얼마나 나아지는지를 아직 깨닫지 못했을 뿐이다.

이전 장에서 우리는 까다로운 학부모를 대할 때 윈-윈(win-win)하기 위한 노력에 대해 이야기하였다. 교육자의 기술 레퍼토리에 맞게 중재와 협상을 조정할 수 있도록 하는 훌륭한 접근이 많이 있었다.

둘 이상의 집단에서 이들 모두 그들의 입장에서 유리한 성과를 얻길 바라는 문제 해결 상황에 놓인 경우, 결과적으로 타협이 뒤따른다. 타협이라는 것은 본래 어떤 식으로든 갈등을 포함하고 있다(Gerzon, 2006). 데이나(Dana, 2001)는 두 종류의 타협이 있음에 주목하였다. 권력 기반 타협에서는 2명 혹은 그 이상의 단체가 처음부터 대립적인 입장을 취한다. 양측 모두 분쟁, 이견이나 문제 해결 능력의 부족 때문에 우호적일 수 없다. 당연히 권력 기반 타협은 단체 사이의 높은 긴장 상태에서 시작한다. 이것은 본질적으로 승패를 가르는 상황이라고 볼 수 있다. 반면에 이익 기반 타협은 당면한 문제를 해결하는 과정에서 서로에게 이익이 돌아온다는 것을 알고 있다. 이익 기반 타협은 결과적으로 이전 장에서 우리가 논의했던 윈-윈의 결과를 가져온다. 모든 집단이 긍정적인 성과를 원하고 있기 때문에 본질적으로 그들은 대립하지 않는다. 타협을 통해 결과적으로 긍정적인 성과로 볼 수 있을 정도의 선까지, 혹은 그 이상의 성과를 도출할 수도 있다. 특히 이익 기반 타협에서 기억해야 할 중요한 사항은 대립과 신랄함이 성공적인 타협을 위해 별로 도움이 되지 않는다는 것이다. 불행히도 데이나가 언급한 바와 같이, 까다로운 화제에 대한 논의를 너무 자주 경험한 사람들은 "대립하지 않음은 약하기 때문"(p. 41)이라고 생각한다. 까다로운 타협 중에 있을 때조차도 "타협에서는 사람이 우선이다."(Fisher, Ury, & Patton, 1991, p. 18)라는 것을 명심해야 한다.

예상하였듯이 권력 기반 타협은 종종 관련된 모두에게 불쾌한 경험을 남긴 채로 끝난다. 상당히 빈번하게도 개개의 집단은 항복하느니 싸우다 죽으리라는 제1차 세계대전 방식의 참호전 심리로 협상을 난항에 빠뜨린다. 만일 이러한 상황이 발생하면 보통 외부의 도움이 필요하다. 중재는 '고착된' 것처럼 보이는 두 단체 간의 협의에 제3의 단체가 개입하는 형태의 협상 전략이다(Moore, 2003). 협의에 참가하는 세 번째 단체는 경쟁하고 있는 교사와 학부모 양쪽 측면에 대해 중립적인 입장을 취할 수 있는 누군가다. 하지만 그 누군가는 양쪽 어느 집단의 '승리'에도 관심이 없어야 한다. 대부분의 학교환경에서 효과적인 중재자는 교육적 가치와 기술을 지니고 있어야 분쟁 상황에 개입할 수 있으며, 이는 어느 쪽으로의 치우침도 없이 해결책을 강구할 수 있는 노련한 전문 상담 교사다. 중재자는 단체 간의 '승-패'의 결과에 관심이 없으므로 그들의 역할은 단체가 해결점에 도달하는 것을 방해하는 위험 상황을 피할 수 있도록 도우면서 원칙에 따라 대립하는 양 집단 간의 회의를 이끌어 가는 것이다.

적절한 사람이 개입한다면 중재는 몇 가지 유형의 해결 방안—어느 한쪽만 만족할 만한 것이 아닌(그런 것은 중재의 목적이 아니므로)—을 도출할 가능성이 높아진다. 크레셀(Kressel, 2006, p. 728)은 갈등 해결을 위한 중재를 통해 도출된 해결 방안의 평균 성공 비율이 거의 60%가 된다고 보았다. 이 비율은 중재자가 개입하기 이전의 집단의 성공 비율이 0인 것에 비하면 엄청난 수치다! 훌륭한 중재자는 '지뢰밭을 건드리지 않는' 사람이다—중재자는 회의를 구조화하여 충돌하고 있는 집단이 주어진 상황에 최선을 다하도록 함으로써 그들이 최종 합의에 높은 주인의식을 가질 수 있도록 한다.

까다로운 학부모와 일하는 것의 기본은 타협과 중재가 언제 필요한지를 아는 것이다. 권력 다툼과 소유권 주장으로 인해 학생들의 교육이 방해받지 않도록 해야 하지만 불행히도 이를 잘 알아야 할 어른들은 문제 상황에 놓일 경우 자주 대립한다.

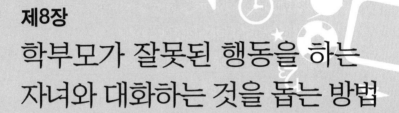

제8장

학부모가 잘못된 행동을 하는 자녀와 대화하는 것을 돕는 방법

제8장 학부모가 잘못된 행동을 하는 자녀와 대화하는 것을 돕는 방법

학부모와 교육자는 학교폭력 피해 아이와 가해 아이 모두를 위한 학습환경을 개선하기 위해 무엇을 협력할 수 있는가? 교육자는 학교에서 남을 괴롭히는 아이들이 자신의 부모에게 이에 대해 이야기할 수 있도록 하기 위해 학부모에게 어떤 이야기를 할 수 있을까?

이 장은 교육자가 학교폭력에 관해 학부모가 자신의 아이와 대화하는 좀 더 나은 길을 찾을 수 있도록 돕기 위한 내용이다. 또한 이 장은 교육자가 사용하도록 쓰인 것이기도 하다. 이 장은 학부모를 위해 쓴 것이 아니다. 왜냐하면 학교폭력의 민감한 이슈에 대해 학부모와 교사가 논의를 진행할 때 학부모에게 제시할 아이디어가 필요한 교사의 입장으로 썼기 때문이다. 이 장에서는 교육자가 학부모가 아이들을 다룰 수 있도록 하는 방법을 제공한다. 교육자는 주요 논점과 아이디어의 리스트 팸플릿을 만들어 학부모에게 제공할 수도 있다.

먼저 아이들이 학부모나 교사의 도움이 필요할 때 그들에게 말하는 것에 있어서 방해가 되는 장애를 검토할 것이다. 가장 큰 장애는 아이들이 도움을 요청하였을 때 어떤 일이 발생할 것인가에 대한 두려움이다. 특히 아이들은 그들이 잘못된 것임을 알게 된 어떤 것을 이야기해야 할 때 도움이 필요하다.

학부모가 처벌, 책임성 및 배상에 대해 이해하는 것을 돕는 방법

앞에서 언급한 것처럼 비록 오늘날 미디어에 그 원인이 있는 모방적인 학교폭력이 전통적인 학교폭력에 대한 관점을 대체하고 있을지라도 학교폭력은 역사적으로 가정환경의 희생을 통해 그려져 왔다. 이것은 앞에서 언급한 것처럼 폭력의 습득 현상을 고려해서 가해자들이 그들의 행동에 대해 책임이 없다는 식으로 잘못 이해되어서는 안 된다. 우리가 학부모에게 분명히 해야 하는 게 있는데, 바로 학교폭력은 그 행동에 대해 책임을 져야 한다는 것이다. 그렇게 하지 못하는 것은 성인들의 책임 방기다. 그러나 비행에 대해 벌을 받는 것은 책임을 지는 것과는 다르며, 벌 그 자체가 이미 저지른 잘못을 속죄하는 방법을 제공하는 것도 아니다. 아이들은 책임지는 것을 벌을 받는 것과 같은 것으로 이해할 수도 있다. 그러나 그것은 비행을 저지른 편에서의 해석일 수 있고, 위반 중에 걸렸다는 것과 관련된다.

피해자는 우리에게서 동정심을 유발하지만 학교폭력 가해자에게는 공감하기가 어렵다. 이 나라의 역사는 '야생의 서부'의 정착과정을 거쳤고, 영화와 문학에서 그 전설을 볼 수 있듯이, 우리에게 죗값이 총 맞는 것이든 교수형이든 '나쁜 놈들은 결국 죗값을 치르게 된다.'는 것을 가르친다. 보복에 대한 필요는 동등한 정도로 이루어져야 하고, 죄지은 자는 벌을 받아야 하며, 이는 반성적인 생물학적 요구였다. 복수 판타지의 뒤에 있는 동기는 피해자가 종종 숨어서 공격자에게 저항하는 것이다. 학교폭력의 많은 사례에서 침범자는 종종 '나에게는 다른 선택이 없었다.'는 심리 상태를 통해 자신의 행위를 정당화한다. 통상적인 견해와는 달리 등가의 징벌을 가해 잘못됨을 바로잡으려는 요구는 학습된 대응이고, 잘못된 것이며, 우리가 원하는 것을 얻기 위해 종종 원초적인 폭력을 사용하게 하는 욕구와 같이 잔인하다.

피해자와 그 가족에 대해 가해자가 야기하는 혼동에 직면할 때 필요한 것은 합리적이고 성숙한 어른의 반응이다. 억제되지 않은 감정적 대응과 부가적인 긴장을 추가하여 이미 건전하지 않은 불만족스러운 상황을 더 고조시킬 필요는 없다. 슈워츠 등(Schwartz et al., 1997, p. 672)이 지적한 것처럼 공격적인 아이의 특성 중 하나는 '가정에서 폭력을 빈번하게 접하고 육체적 학대의 대상이 된 경험'이기 때문에 우리는 그 학부모가 아이에게 하던 대로 행동하게 하는 부가적인 '이유'를 주기를 원치 않는다.

그렇다면 겁박하는 아이들이 그들의 행동에 대해 책임을 가지도록 하기 위한 방법이 있을까?

아마도 우리는 잘못된 것을 바로잡을 때 관련된 모두에서 무엇이 최선인가에 대한 다른 견지를 가져야만 할 것이다. 처벌은 부적절한 행동에 대응하여 그만한 크기의 고통이나 대가를 치르게 하는 것인데, 잘못 지도된 개인이 위반을 하였을 때 대가나 고통을 치르게 함으로써 다시는 잘못된 행동을 하지 않도록 하는 것이다. 그것은 개인에게 왜 그러한 처벌이 내려졌는지의 의미에 대해 폭넓게 이해하는 것을 가정한다. 그러한 생각이 잘 들지 않는 사람들에게 빈도와 질에서 더 증가되는 처벌은 잘못을 계속하도록 조장한다. 무엇보다도 이어지는 위반마다 처벌을 유지하고 벌금의 수준을 올리는 것은 그러한 생각이 지속되도록 한다.

우리는 그러한 처벌이 썩 효과가 있지 않음을 알고 있다. 아무도 그 반대의 접근, 즉 위반자를 사랑하며 순응하게 하도록 하지는 않는다. 최선으로 작동하는 것은 그 중간에 있는 것으로 '인내심 있는 사랑'의 접근인데, 이는 문제를 야기한 주체에게 공정한 그리고 이해할 만한 책임 지우기를 보장하며, 괴롭히는 아이들이 좌절과 화, 즉각적인 만족을 위한 욕구에 대응하는 새로운 행동 패턴을 학습하게 돕는다.

복원적인 정의

복원적인 정의(restorative justice)는 그 이름이 내포하고 있는 것을 달성하도록 하는 것이다. 즉, 모든 당사자가 정의와 온전함의 감정을 얻게 하는 것이다. 그것은 피해자가 그리고 모든 당사자가 잘못된 행동이 일어나기 이전의 상태로 되돌아가는 것을 바라는 것이다.

정의의 기본 원칙 중 가장 중요한 기술의 하나는 미네소타 교육

〈모든 사람의 잘못된 점을 바로잡도록 돕는 복원적 정의의 방법〉

피해자를 위해

- 그들이 어떻게 개선되기를 원하는지 선택할 권리를 제공
- 그들에게 발생한 일에 대해 말할 권리를 제공
- 해를 끼친 당사자에게 직접 말할 권리를 제공
- 가능한 한 올바르게 일을 처리하는 방법에 대해 말할 기회를 제공
- 통제를 다시 찾는 방법을 제공

가해자를 위해

- 피해를 당한 사람들에게 책임을 질 기회를 제공
- 그들의 행동에 대한 책임을 질 기회를 제공
- 해결에 일조하기 위한 기회를 제공
- 그들이 해를 입힌 공동체에 다시 통합될 기회를 제공

학교 공동체를 위해

- 무엇을 해야 할지 명확한 이해가 없는 상태에서 자칫 해결되지 않을 수 있는 문제를 처리하는 방법을 제공
- 공동체가 입은 상처에 대해 인정하기
- 해를 입힌 데 대해서 개인적인 방법으로 책임을 질 수 있는 기회를 부여
- 해결책에 대한 목소리를 낼 기회를 제공

학교 행정가를 위해

- 너무 관대하거나 혹은 너무 각박하다고 판단되는 결과를 선택하

는 대신에 당사자를 문제 해결에 참여시키도록 하는 방법을 제공

• 회의의 결과를 공개하는 것에 대해 당사자에게 동의 구하기

• 복원적 치유 방법에 참여하는 자발적인 동의를 얻어 참여의 수준 끌어올리기

• 전통적인 징벌 방법이 적절하거나 효과적이지 않다고 증명된 상황에서 다른 방법 찾기

---

* Amstutz, L. (2000, 봄). '가야 할 길은 어디인가(Where to from here?)?'. *Conciliation Quarterly, 19*, 11.
* Anderson, C., et al. (1998). 『복원 측정치: 문제를 해결하기 위한 모든 사람들의 능력을 존중하기(*Restorative measures: Respecting everyone's ability to resolve problems*)』, p. 2.

부의 교사 협력 사업에서 볼 수 있다(Anderson et al., 1998). 이 교사들은 학교에서의 규칙 위반 행위에 대한 복원적 접근의 이점을 언급하였고, 그들의 작업은 전국의 다른 조직에서 채택되어 왔다. 메노나이트 조정 서비스(Mennonite Conciliation Service; Amstutz, 2000)는 그들의 작업을 다음과 같이 묘사하고 있다.

매번 이 원칙을 읽을 때마다 나는 그 훌륭함으로 인해 현기증을 느낀다. 그 개념 안에 무엇이 들어 있는가를 보자. 첫째, 한 개인의 잘못된 행동이 더 큰 공동체 사회에 영향을 미침을 인식하는 것이다. 둘째, 모든 관련된 당사자를 개별적으로든 집단적으로든 간에 한데 모아 해결책을 찾도록 하는 것이다. 셋째, 개인과 공동체 모두 그 문제 해결에서 이득을 본다는 것을 인정하는 것이다. 넷째, 전통적인 영역이나 해당 권위자 영역 밖의 사람들이 긍정적인 결

과를 산출할 수 있다는 것을 인정하는 것이다. 다섯째, 희생자뿐만 아니라 위반을 저지른 개인과 공동체 모두에게 그 잘못에 관해 의사 표시를 할 권한이 주어져야 한다는 것이다. 마지막으로 문제 해결에 있어 전통적인 방법이 항상 작동되는 것은 아니며, 다른 해결책이 더욱 성공적일 수 있음을 인정하는 것이다. 이러한 원칙에 내포된 긍정성을 보라. 그들은 한 삶에 대한 '통제권을 회복하고' '행동에 대해서 책임질 수 있게' 되는, 그리하여 '해결책의 일부분'이 될 수 있는 '기회'와 방법에 대해서 이야기하고 있다.

이 원칙은 학부모-교사 동맹 관점으로 볼 때 매우 매력적인 것인데, 그 원칙이 종종 학교에서 또래 간의 학교폭력을 치유하는 데에 사용되지 않고 있다. 복원적인 정의의 원칙은 겁을 주고 심장에서 피를 흘리게 하는 것이 아니다. 오히려 그 반대다. 이 원칙은 교사, 피해자, 가해자, 학부모, 당사자로 하여금 단순하게 훈계를 하고, 벌을 주는 것보다 훨씬 고도의 헌신과 참여를 하도록 한다. 복원적인 정의를 적용하는 것은 어렵고 정교한 작업이다. 그것은 시간을 필요로 한다. 그것은 계획을 필요로 한다. 그것은 참여한 모든 당사자에게 해결책의 일부가 되기 위해 책임을 수용하고 무슨 일이 일어나든지 간에 관심을 가질 것을 요구한다.

처벌의 교육적 효과는 다음의 메시지 이상은 없다. "네가 만일 다시 걸리면 너는 동일한 처벌을 더 심하게 받을 것이기 때문에 들키지 않도록 교활하게 노력해라." 처벌 속에서 가해자는 왜 그런 행동을 했는지, 다른 사람이 그에게 동일한 해를 끼쳤을 때 무엇을 느낄지 등에 대해 전혀 사고할 수 없게 된다. 확실히 잘못된 것을 바로잡을 수단에 대한 생각이 없게 된다. 처벌은 항상 죄지은 자에게 가는 용이한 방법이다. 그 반대로 책임 지우기는 복원적인 정의에서 보았듯이, 그것이 효과적으로 이루어지기 위해서는 상당한 시간과 노력을 요한다. 책임을 지우는 것은 처벌로서 간주될 수 있음을 기억하라. 그러나 가해자가 종종 견디지 못하는 것은 그들의 행동이 가진 진정한 함의에 직면하는 것임이 분명하다. 가해자에게 그들이 진정 무엇이며, 실제로 무엇을 했는가에 대한 진실 거울을 보여 주는 처방보다 더욱 효과적인 것은 없다.

복원적인 정의의 원칙은 종종 학교와 가정에서 작동한다. 각각의 환경에 똑같은 노력이 적용된다. 그 원칙을 이행하는 것은 시간과 노력을 필요로 하며, 잘못된 행위를 고치면서 학습된 것은 아이들에게 엄청난 가치를 지닌다. 특히 초기 아동 시기에 이루어진 문제를 치유하는 방법으로 복원적인 정의의 원칙이 이행된다면 그 가치는 매우 크다. 복원적인 정의의 원칙에서 가장 중요한 것은 처음부터 아이들에게 상호 이해를 가지게 하는 기회다. 아이가 자신의 행동이 다른 사람에게 어떤 영향을 미치는지 생각할 기회를 가지지 못한 상태로 유치원에 간다면, 아이는 절대적인 자기중심적 견지를 가지고 사회에 들어가게 되는 셈이다. 그들의 행동은 다른 사람에 대한 영향을 반영하지 않는데, 이는 학교에서 잘못된 행동이 드러나기 이전에 자신의 행동이 다른 사람에게 미치는 영향에 대해 한 번도 생각해 보지 않았기 때문이다. 학부모가 아이의 잘못된 행동을 바로잡는 수단인 복원적인 정의의 원칙에서 상호 이해의 의미를 개발하도록 돕는 것에 어떻게 주요한 역할을 할 수 있는지 살펴보자.

학부모가 아이에게 잘못된 것을 바로잡음에 대해 생각하도록 돕기

불행하게도 다수의 아이들은 집단환경에서 배울 준비를 갖춘 상태로 학교에 오지 않는다. 아이들의 문제 해결 능력은 사람들이 얻어터지거나, 날려 버려지거나, 총을 맞는 일이 난무한 텔레비전이나 비디오 게임을 통해 습득된다. 이러한 마음 상태가 형성된 아이들은 친구들이 자신의 목적 달성에 가치가 있는 것처럼 보이지 않는 한 친구들에 대한 공감을 거의 하지 못한다. 다른 사람에게 공감하지 못하는 아이들은 그들 자신의 목적에만 관심이 있으며, 폭력물 비디오에 의해 길들여졌기 때문에 자라면서 권력 지향 집단으로 흘러 들어가게 된다. 폭도를 알고 건전하지 못한 사회를 볼 뿐이다.

학부모는 아이가 잘못된 행동을 저지를 때 아이에게 몇 가지의 간단한 질문을 함으로써 복원적 정의의 이행을 시작할 수 있다.

- "만일 동생이 네 장난감을 가져갔다면 너는 어떤 기분이 들까?"
- "오늘 네 행동은 너만이 아니라 더 많은 사람에게 영향을 미친단다. 네가 엄마 친구 집에서 그와 같은 행동을 하면 엄마는 몹시 슬프단다. 엄마는 네가 오늘 보인 행동보다 더 나은

행동을 할 줄 아는 사람이라는 것을 알고 있고, 네가 다른 사람 집에 방문했을 때 더 멋진 행동을 할 것이라는 것을 믿는단다. 네가 네 친구 동생에게 돌을 던지면 네 친구는 어떤 생각을 할 것 같니?"

- "네가 한 일을 생각해 보자. 네 친구의 장난감을 감추는 것이 친구에게 정당한 행동이라고 생각하니?"

목적은 아이를 부끄럽게 하는 것이 아니라 아이로 하여금 그들이 사는 세계의 맥락에서 자신의 행동을 생각해 보도록 하는 것이다. 아이가 한 행동은 자신뿐만 아니라 다른 사람에게까지 영향을 미친다는 것, 우리가 누구에게도 영향을 미친다고 생각하지 않을 때조차 우리는 우리의 행위에 의해 서로 연계되어 있음을 아이가 이해하도록 하는 것이 중요하다.

아이가 학교에서 뭔가 문제행동을 저질렀을 때, 교사가 학부모에게 가정에서 아이에게 어떻게 반응해야 하는지를 질문하면 학부모는 종종 당황한다. 그렇다면 이 시점에서 교사가 학부모에게 가정 훈육에 대한 의견을 주어야 하는가? 기본적으로는 아니다. 교사가 학부모에게 그들의 자녀를 어떻게 훈육할지에 대한 조언을 할 처지는 아니다. 특히 육체적 벌을 부과해야 하는지 말아야 하는지의 질문에 대해서는 더욱 그렇다. 학부모는 교사를 전문가로 간주한다. 따라서 교사가 말하는 것은 아이를 어떻게 기를지에 대해 자신이 없는 학부모에게는 더 큰 영향을 미친다.

그러나 교사는 경험으로 얻어진 긍정적인 학습 요소를 가지고 있는 대안적인 훈육 방식의 예를 제공하는 위치에 있다. 학부모는 최고의 훈육은 아이가 실수를 통해 학습함으로써 교정되는 것임을 인식해야 한다. 다음의 예에서 학교에서 다른 아이를 괴롭힌 아이를 어떻게 다루는 것이 최선인가라는 학부모의 질문에 대한 응답 중 하나를 살펴보자.

> 부모(이하에서 '모'): 밀러 선생님, 저는 지금 시미언에게 몹시 화가 나서 아이를 혼내야겠습니다. 아이가 매일 말썽을 일으켜 학교에 와야 하는 것이 이제는 지겹습니다.
>
> 교사(이하에서 '교'): 어머니, 지금 시미언에게 정말 많이 화가 나 있으신 것 같습니다.
>
> 모: 화가 나요? 아이를 죽여 버렸으면 좋겠어요.
>
> 교: 학교는 그런 일이 일어나지 않기를 원하며, 어머니도 그럴 것입니다.
>
> 모: 아니에요. 우리 아이는 계속해서 다른 아이들을 괴롭히고, 아무도 그 아이를 어찌지 못하는 것 같아요.
>
> 교: 우리 역시 화가 납니다, 어머니. 어머니와 아이 모두에게 말이죠.
>
> 모: 뭘 어떻게 해야 할지를 모르겠어요.
>
> 교: 과거에 이런 일이 발생했을 때는 어떻게 조치하셨습니까?
>
> 모: 텔레비전 시청과 비디오 게임을 못하게 했지요. 전화도 못 쓰게 했고요. 아이가 좋아질 때까지 집을 감옥으로 만들려고 노력했어요.

교: 아이는 어떻게 반응했나요?

모: 아이는 그런 조치를 혐오했지요. 하지만 시미언은 거기에 맞추어야 한다는 것을 알고 있었어요. 그렇지 않으면 그 조치가 더 오래갔을 테니까요.

교: 학교에서 있었던 아이의 행동에 대해 집에서 아이와 함께 이야기해 보려고 하지는 않으셨는지요?

모: 없었어요. 아이가 말하고 싶어 하지 않았어요.

교: 저도 그랬을 줄 압니다. 그러나 우리는 아이가 우리에게 자신을 보여 줄 것이라는 것을 압니다. 자신의 행동이 다른 사람을 해친다는 것을 아이가 이해한다고 생각하십니까?

모: 나는 아이가 무슨 생각을 하는지 모르겠어요.

교: 우리가 그것을 찾아야지요.

모: 어떻게요?

교: 우리는 많은 일을 해 왔고, 어머니도 그 노력이 가치 있음을 알고 계시잖아요. 바로 오늘 밤이 어머님이 시미언과 이야기를 나눌 좋은 기회입니다. 제가 3가지 질문을 가지고 있는데, 이것은 시미언의 행동을 이해하는 데 중요한 단서가 될 것입니다.

모: 지금까지처럼 아무것도 효과가 없으면요?

교: 시미언의 규칙 위반에 대해 벌보다는 다른 유익한 조치를 취하는 것이 좋을 것 같아요. 예컨대, 시미언이 자신의 행동에 책임을 지도록 아이를 돕는 조치를 취해 보지요. 어머니가 시미언이 도서관에서 라시타에게 한 잘못에 대해 어떻게 할지를 시미언과 이야기해 보면 어떨까요?

모: 무슨 말씀이신지?

교: 오늘 시미언은 아무 이유도 없이 라시타의 연필 세 자루를 가져가서 부러뜨렸어요. 우리가 그 행위에 대해 벌을 주면 시미언은 이틀 동안 놀 거리가 없을 것이고, 라시타는 연필 없이 공부해야 할 것입니다. 오늘 밤 어머니가 시미언과 함께 라시타에게 했던 일을 바로잡기 위해 어떻게 하면 좋을지를 이야기해 보았으면 합니다. 시미언이 그것을 좋아하든 좋아하지 않든 간에 올바른 일은 시미언이 부러뜨린 연필을 보상하는 것임을 시미언이 알도록 하는 것이지요.

모: 잘 모르겠어요. 전에는 그렇게 생각해 본 적이 없었어요. 우리는 아이가 자신이 망가뜨린 것을 보상하게 하기보다는 아이에게 벌주는 것만 생각했었어요. 나쁘지는 않을 것 같아요. 그러나 우리가 강제로 하게 하지 않는 한 시미언은 그렇게 하지 않을 것 같아요.

교: 그럴 수도 있겠지요. 그러나 일단 이야기해 보기 전에는 알 수 없는 것 아닌가요?

모: (생각에 잠겨 고개를 끄덕임.)

교: 아이의 행동을 고치는 것보다 더 큰 문제는 아이 자신의 행위가 라시타를 아프게 했고, 자신에게 잘못을 바로잡을 책임이 있음을 이해시키는 것입니다. 어머니와 다모네 씨가 시미언이 자신의 잘못에 대해 벌 받는 것만으로는 충분치 않고, 책임지는 사람이 되어야 하며, 자신이 아프게 한 사람에게 갚아주어야만 한다는 것을 이해하도록 한다면 그것은 굉장한 일

입니다.

모: 좋아요. 그렇지만 아이가 동의하지 않으면 어쩌지요?

교: 이 단계에서는 아이에게 잘못을 고칠 수 있다는 생각의 씨앗을 심는 것만으로도 대단한 일입니다. 아이가 그렇게 하려고 한다면 아주 좋고요. 만일 그렇지 않더라도 대화는 아이를 생각하게 하고, 아이가 행동하기 전에 생각할 수 있게 하는 시작이 될 것입니다.

이 시나리오에서 교사는 아이가 다른 아이의 물건을 망가뜨린 것에 대해 학부모와 아이가 대화하도록 힌트를 주고 있다. 학부모의 탐색에 학생이 어떻게 반응하는가는 몇 가지 각도에서의 통찰을 제공한다. 첫째, 보상하기에 대한 수용의 반응 정도는 시미언의 저항의 정도를 나타낸다. 시미언이 라시타에게 연필을 되돌려주는 것에 대해 어떻게 생각하는지는 우리가 묻지 않으면 알 수가 없다. 교사는 시미언의 다른 측면의 행동도 치유할 수 있으며, 학부모를 돕는 것이 그 첫 단계가 된다.

첫 단계 실행 이후에 발생하는 것

완전한 세계에서 다모네 부부는 시미언과 즐거운 대화를 나눌 것이며, 시미언은 라시타에게 연필 세 자루를 돌려줄 뿐만 아니라 모든 사람에게 평화의 제스처로 연필 두 다스를 제공할 수도 있을 것이다. 그러나 이런 일은 일어나지 않는다.

학부모에게 첫 단계로서 중요한 것은 그냥 받아들이는 것이다. 학부모에게는 여력이 없고, 특히 벌이를 위해 또 다른 일이라도 한 날은 퇴근 이후에 뭐 하나 하기 싫을 때가 많다. 이럴 때 학부모가 특히나 이야기하기 싫어하는 주제를 가지고 아이와 대화를 하게 하는 것은 그것이 아무리 필요해도 어렵다. 그 지점에서 교사가 도움을 주어야 하는데, 학부모에게 대화의 요점을 제공하고 아이들과 대화하도록 격려하는 것이 그것이다.

그렇다면 시미언과 부모 사이에는 첫 단계 이후에 어떤 일이 일어났는가? [그림 8-1]에 몇 가지 선택이 있다.

이 그림은 일견 복잡해 보이지만 전혀 아니다. 왼편의 선택지는 모두 학교폭력 사건을 빨리 해결하고 시미언과 함께 대화를 한 뒤에 보상을 하는 길이다. 오른편의 선택지는 시미언이 그 사건에 대해 생각하게 하고, 그의 행동을 왼편의 선택지로 옮기게 돕는 모든 노력을 포함하고 있다.

시미언과 부모의 대화는 [그림 8-1]의 무엇과 같을까? 무엇보다도 비행에 관해 어느 누가 아이와 이야기하더라도 그것은 차분하고 이성적일 때 이루어져야 한다. 특히 아이가 그림의 오른편을 선택할 가능성이 있을 때 이 원칙이 지켜져야 한다. 결국 아이가 진심 어린 이야기에 순응한다면 당신은 더 이상 이 책을 읽을 필요가 없을 것이다.

말 안 듣고 고집 센 아이일수록 아이가 생각하고 또 생각할 수 있도록 수평적인 나선 회전으로 나아가게 하는 것이 중요하다. 목

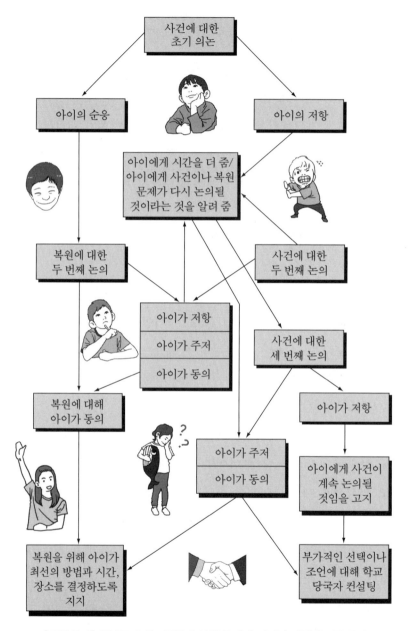

[그림 8-1] 학부모가 학교폭력과 보상에 대해 아이와 대화하도록 돕기

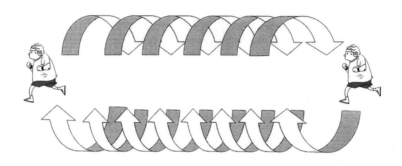

표는 아이가 긍정적인 방향으로 이동하도록 이것을 지속하는 것이다. 거기에는 많은 노력이 필요하며, 이 부분을 좀 더 자세히 다룰 필요가 있다. 성공에 이르는 열쇠는 조금씩 진전이 이루어지도록 하는 것이다.

그렇다면 시미언이 자신의 행동이 복원적인 해결책을 향해 움직이도록 하는 지혜를 가지는 데는 얼마의 시간이 걸릴까? 그것은 아이에게 달려 있고, 각 대화 단계 뒤에 보이는 아이의 반응에 달려 있다. 어려운 주제의 경우에는 특히 쌍방이 상대의 의견을 바꾸려고 노력할수록 두 당사자는 대화를 그만하고, 자신의 입장을 지키려고 방어 진지를 더욱 깊게 팔 것이다. 그때 어른들은 학교에게 자문과 부가적인 조언을 요청해야 한다. 학교 상담자와 학생 지원 교사는 어려운 주제에 당면한 아이에게 접근하는 방법에 대한 조언을 줄 것이다.

경험상 어려운 주제를 다루는 기술은 시간과 인내를 포함한다. 그 시간은 아이들이 대화에서 요점을 생각하고, 어른들이 원하는 것으로 이동하는 것이 아이들 세계에서의 지위에 어떤 영향을 미치는지를 재는 데 필요하다. 인내는 그 과정에서 어른들이 아이들을 기다려 주도록 하는 데 필요하다. 아이를 '기다리는 데'에는 얼마나 걸려야 적정한가? 다시 한 번 말하지만 그것은 이슈와 아이에게 달려 있다. 아이가 그렇게 하도록 강요받는 것처럼 느끼는 것이 아니라 잘못된 것을 바르게 하려는 욕구에서 진지한 보상 활동을 하는 것이 진정 의미가 있다. ('아이들은 내가 미안해해야 한다고 하기 때문에 미안해하지만 나는 아이들이 진실로 미안해하지 않는다고 생각하는' 것이 보통이다.) 몇 차례의 대화 뒤에 자신의 행위의 의미를 완전히 이해하고, 그것에 대해 적극적으로 책임을 지려고 하는 데 일주일이 걸렸다면 그 일주일은 잘 소비된 것이다. 아이와 청소년-특히 청소년-은 논쟁을 지속하고, 어른을 기다리게 하는 경향이 잦다. 그들은 우리가 자신의 삶이 바쁘기 때문에 어려운 문제에 대한 대화를 기피하는 경향이 있음을 알고 있다.

이야기한 것처럼 세 번의 노력은 일정한 논리가 있다. 첫 번째 대화는 종종 실패하는데 이는 그 행위가 아직 신선하고, 그 사건에 대한 감정이 여전히 강할 수 있기 때문이다. 만일 첫 번째 노력으로 문제를 푸는 데 실패하였다면, 특히 감정이 장애가 되었다면 시간이 사건의 강도를 누그러뜨려 두 당사자가 문제 해결에 나갈 수 있을 정도가 되어야 한다. 이 두 번째 시도도 실패하였다면 세 번째 노력은 부가적인 시간 뒤에 고집스러운 당사자가 협조하기를 거부하는 데 기꺼이 투자를 하는 소유의 정도에 통찰을 두어야 한다. 이 시점에서는 외부의 자원이 다양한 견지에서 투입되어야 하는데, 이를 통해 아이가 그 행위는 잊히지 않을 것이며, 개선이 있을 때까지 지속적으로 논의될 것임을 이해하게 할 필요가 있다.

시미언의 경우에 학부모는 이러한 기법을 사용하여 다음과 같이 대화하였다.

부모(이하에서 '부'): 시미언, 지난 며칠간 우리가 이야기한 것에 대해 다시 이야기할 필요가 있구나. 텔레비전 좀 *끄지* 않으련?

아이: (반응 없이 텔레비전 시청을 지속함.)

부: 시미언?

아이: (텔레비전을 *끄고* 아버지 옆의 의자로 이동함.)

부: 너도 알다시피 나는 이 문제에 있어 네 도움이 필요하다. 우리는 지난주에 너와 라시타 사이에 일어났던 일에 대해 두 번이나 대화했었는데, 너는 아직도 네가 잘못한 일이 없는 것처럼 생각하는 것 같구나.

아이: 나는 안 그랬어요. 그 애가 나빠요.

부: 집이나 학교에서 배운 바에 비추어 볼 때 그렇지 않다는 것을 네가 알고 있다고 생각되는구나.

아이: (아무 이야기도 안 함.)

부: 봐라, 너는 이미 학교에서 벌을 받았고, 집에서는 놀 거리를 압수당했다. 너는 그런 것을 다시 겪기를 바라니?

아이: 아니요.

부: 그리고 네 엄마와 나는 이번 분란을 정리하기 위해 도움을 필요로 한다. 넌 정말로 네가 라시타에게 한 일이 잘한 일이라고 생각하니?

아이: (창밖을 내다보며 아무 이야기도 하지 않고 아버지가 움직이기를 기다리다가 아버지가 움직이지 않자, 결국 입을 열어 말함.) 아니요, 지난번에 그렇게 말씀드렸잖아요.

부: 우리는 거기에 동의했다. 그러면 그다음의 일을 이야기해 보자. 네가 그 아이의 연필을 부러뜨린 일을 보상하는 최선의 길은 무엇일까?

아이: 나는 그렇게 하고 싶지 않아요.

부: 왜?

아이: 단지 그렇게 하고 싶지 않아요.

부: 네가 원하는 것이 그 아이에게 네가 부러뜨린 라시타의 연필을 새것으로 주는 것은 아니지 않니?

아이: (아무 이야기 없이 아버지가 말하기를 기다림.)

부: 시미언, 사람은 누구나 실수를 한단다. 우리가 다른 사람에게 잘못을 했을 때 우리가 한 일에 대해 보상을 하려고 노력하는 것은 다른 사람과 잘 어울려 지내는 것을 배우는 것이란다. 너는 이미 네가 그 아이의 연필을 부러뜨린 것은 잘못한 일이라고 말했고, 나는 앞으로 네가 해야 할 일은 그 아이에게 사과하고 새 연필을 사서 돌려주는 것이라고 생각한다. 그것은 네가 만일 그런 일을 당했을 때 네가 받기를 원하는 것이기도 할 것이다.

아이: (계속 말없이 마룻바닥을 내려다봄.)

부: (아이가 말을 하도록 잠시 기다림.)

아이: (마룻바닥을 내려다보다가 아버지를 보면서) 좋아요. 내가

무엇을 하면 되지요?

부: 네가 아는 것이 옳은 것이다.

아이: (잠시 생각하더니) 저에게는 그 아이에게 줄 연필이 없어요.

부: 연필을 좀 사도록 하자. 그건 문제도 안 돼. 내일 학교에 연
필을 가지고 가서 어떻게 할래?

아이: 뭐라고 말해야 할지 모르겠어요.

부: 오늘 밤에 생각해 보자꾸나. 많이 말할 필요는 없지만 그 말
은 네 마음속에서 나온 것이어야 한다. 네가 그와 같은 상황
에 있다면 너는 다른 사람이 네게 뭐라고 이야기하면 좋겠니?

아이: 여기 네 연필이야!

부: (웃으면서) 좋다. 그게 시작이야.

시미언과 아빠는 라시타에게 이야기할 말에 대해 완벽하게 준
비할 필요가 없다. 그렇지만 무엇이 잘못되었더라도, 특히 그것이
고의가 아니었다면, 그 잘못을 고칠 수 있음을 시미언이 알게 하
고, 또 잘 고칠 수 있도록 제반 노력을 기울여야 한다.

다음 장에서는 학부모가 학교폭력을 당하는 아이들과 대화할
때 필요한 7가지 요점을 살펴볼 것이다. 제8장과 제9장은 당신
에게 많은 유용한 힌트를 주고, 그것을 학부모와 공유해서 학부
모-교사 동맹을 긴밀하게 할 것이다.

제9장

학부모가 학교폭력을 당하는 자녀와 대화하도록 돕는 7가지 방법

대화 요점 1: 학교폭력과 놀림에 관한 아이의 걱정에 부모가 경청해야
하는 중요성을 이해하도록 돕는다

대화 요점 2: 적절한 질문을 하는 것은 아이-부모 의사소통을 증진시킨다

대화 요점 3: 학부모는 현재의 흐름을 이해하기 위해 가능한 한 많은 구체적인 사실
을 얻어야 한다

대화 요점 4: 문제를 해결하기 위해 부모가 아이와 함께할 것임을 확신시킨다

대화 요점 5: 학부모는 아이의 의견과 걱정에 대해 질문해야 한다

대화 요점 6: 아이가 신체폭력을 동반한 도발에 대응하지 않도록 한다

대화 요점 7: 부모는 아이가 자신에게 도움을 줄 사람을 찾도록 격려해야 한다

제9장 학부모가 학교폭력을 당하는 자녀와
대화하도록 돕는 7가지 방법

이 장에서 제시하는 7가지 제안은 교사가 학교폭력을 당하는
자녀와 부모가 대화할 수 있도록 돕는 방법이다. 이 7가지의 대화
요점은 학교 내에서 일어나는 혹은 학교의 관할 내에서 발생하는
사건을 위한 것이다. 따라서 학부모와 교사는 학교에서 문제가 발
생하면 바로 이 시나리오에 따라 함께 행동해야 한다. 학부모는
이러한 제안을 아이를 돌보는 여타의 다른 상황에서도 활용할 수
있다. 이 장의 마지막에 있는 [그림 9-1]은 학부모에게 도움이 된
것으로 판명된 대화 요점을 핸드아웃 형식으로 정리한 것이다.

대화 요점 1: 학교폭력과 놀림에 관한 아이의 걱정에 부모가 경청해야 하는 중요성을 이해하도록 돕는다

아마도 이 첫째 제안이 가장 중요할 것이다. 아이에게 발생한
일에 대한 걱정에 진정으로 경청하는 것은 학부모와 교사가 아이

에게 일어난 일에 대해 관심을 가지고 있고, 친구와의 관계에서 발생하는 아이의 어려움이 무엇인가를 이해하려고 노력한다는 강한 메시지를 보내는 것이다.

경청은 그저 귀로 듣는 것이거나 관심 있는 체하는 것이 아니다. 신문을 보는 아빠와 연속극을 보는 엄마는 경청하는 게 아니다. 경청은 실제로 아이들이 말해야만 하는 것을 듣는 것, 아이들이 말한 것 이상을 듣는 것을 의미한다. 전문적인 상담 분야에서는 이를 공감적 경청이라고 부른다. 이는 자신을 타인의 위치에 놓고 자신이 타인과 같은 곤경을 겪었다면 어떻게 느낄 것인가를 이해하려고 노력하는 것이다. 공감적 경청은 다른 사람이 어떻게 느끼는가를 이해한다고 가정하는 것이 아니다. 학부모가 그런 가정을 한다는 것은, 이미 듣지 않기의 과정을 시작하는 것이다. 이는 학부모가 자신의 생각, 대화, 가정을 듣기 시작하는 것이며, 그것은 곧 자녀의 말을 듣지 않게 되는 것이기 때문이다. 우리 어른들이 이미 아이와 비슷한 경험을 하고 동일한 환경하에 있었다고 생각한다면(동정적 경청) 우리는 아이가 어떻게 느끼는가를 절대로 알 수가 없다. 아이의 경험은 분명 우리의 경험과 다르기 때문이다.

공감적 경청이 제대로 이루어진다면 피해 아동의 세계에 대한 무한한 정보를 모을 수 있는 기회가 될 것이다. 이 아이들은 지워지지 않는 자국을 남긴 인생의 경험에 대해 우리에게 무엇이 발생했는지를 말을 넘어서는 수준으로 진심을 다해 알려 주게 된다.

학부모가 대화 요점 1을 얻도록 돕는 데에는 다음의 말이 적절하게 작용할 것이다.

- "너도 알다시피 우리 어른들은 매번 너희의 말을 잘 듣지도 않으면서 듣고 있다고 생각한단다. 네가 나를 어떻게 생각하든지 간에 나는 네가 말하는 것을 이해하고자 진정으로 노력하고 있단다."

- "나는 네가 아니기 때문에 네가 어떻게 느끼는지 알 수가 없구나. 너도 자아가 있고, 네가 내가 어렸을 때와는 다르게 생각한다는 것을 안단다. 그래서 내가 네 처지라면 어떠했을까를 생각하려고 노력하고 있고, 그래서 네 이야기를 더욱 잘듣고 싶구나. 또 앞으로도 그럴 것이란다."

- "나도 네 나이 때 그런 경험을 했단다. 그러나 그것은 그때 일이고, 지금 내가 생각하는 것과 너나 네 친구들이 생각하는 것은 다를 수 있겠지."

- "너는 내가 듣기를 원하는 것을 말하고, 네가 이야기한 것에 대해 내게 질문해도 된단다. 만일 내가 틀렸다면 바로잡아다오. 나는 진정 네 이야기를 잘 들어 보려고 최선을 다하여노력할 것이란다."

학부모가 이해해야 하는 주요 요점은 어려운 문제를 논의할 때 본인이 아이와 함께 그 문제에 다가가야 한다는 점이다. 아이가 학교에서 학교폭력을 당하거나 놀림을 당하는 것에 대처하기가 어려운 것처럼 그에 대해 학부모에게 이야기하는 것 역시 괴롭고 어렵다. 아이가 부모가 어떤 것을 해 주기를 필요로 하는 일에 대한 허락을 얻어야 하는 상황하에서는 더욱 그렇다. 이는 특히 아이들이 청소년기로 접어들 때 더욱 그러하며(Stern & Azar, 1998), 그러한 개인화의 시기는 스스로 자율적이 되기를 원하지만 부모에게 의식주를 의존해야 하는 상황에서 시작된다.

아이는 청소년보다는 그들의 정보를 공유하기가 더 쉬운데, 이는 개인화의 과정이 아직 시작되지 않았기 때문이다. 그러나 아이나 청소년 모두 부모가 자신이 이야기하는 것을 들어 주지 않는다고 느낀다면 최선을 다해 이야기하지 않을 것이다. 이야기하기가 어렵다고 느낀 아이들은 부모와의 대화 중에 입을 닫는 경향이 있으며, 더욱이 대화에 참여하지 않으려고 애쓸 것이다. 피해를 당한 아이들이 이 범주에 들어가기 쉬운데, 이들의 조용한 태도는 가해 아이들이 이들을 약하다고 생각하게 하는 데 기여한다. 부끄럼을 타고 조용한 아이들의 경우, 대화에서 그들의 이야기를 꺼내기 위해서는 특히 많은 격려가 필요하며, 시간과 인내를 가지고 기다려 주어야 한다.

다음의 예시는 아이로 하여금 이야기하게 하고, 부모는 그 이야기를 진정으로 듣기 위해 충분한 시간을 내고 있음을 보여 준다.

- "때로 우리를 화나게 하는 것에 대해 이야기하기가 어렵지만 나는 네 이야기를 듣기 위해 기꺼이 시간을 낼 것이란다."
- "너에게 무슨 일이 일어났는지에 대해 나와 나누고 싶은 말이 있을 때는 내게 이야기해 다오. 나는 네가 이야기하기를

원할 때 기꺼이 시간을 낼 거란다.”

- “시간을 가지고 네가 내게 말하고 싶은 것이 무엇인지를 생각해 보거라. 네가 준비되었을 때 나는 기꺼이 시간을 내어 네 이야기를 들을 거란다.”

아이와 어려운 문제를 이야기할 때 해서는 안 되는 행동은 빨리 이야기하지 않는다고 짜증을 내거나 혹은 아이가 이야기하려는 노력을 하지 않는다고 간주해 버리는 것이다. 그러한 태도는 어른들 사이의 대화에서도 즉시 입을 다물게 한다.

대화 요점 2: 적절한 질문을 하는 것은 아이-부모 의사소통을 증진시킨다

질문의 힘에 대한 이해, 즉 대화 요점 2로 나아가기 전에 우리는 질문을 하기 전에 우리의 질문이 종종 진행되고 있는 대화의 흐름을 ‘흐트러뜨리는’ 경향이 있음을 이해해야만 한다. 우리가 질문을 하면 사람들은 응답을 하기 위해 자신의 이야기의 ‘자연스러운 흐름’을 바꾸게 된다. 만일 대화가 방해받고 막히게 되면 그들은 아픈 기억을 떠올리고, 우리와 구체적인 이야기를 나누려고 하지 않을 가능성이 크다. 학부모가 질문에 대해 생각하도록 돕는 기초적인 원칙은 다음과 같다. ‘이 질문이 아이의 이야기를 더 잘 이해하기 위해 절대적으로 필요한 것인가 혹은 아이의 생각의 흐름을 방해하는 것인가?' 질문하기는 때로 시간의 문제일 수 있다. 아이들이 이야기를 하는 것은 어른들이 아이들의 이야기를 방해하지 않고 들어 주기 때문이다. 결국 우리를 가장 훌륭한 청취자로 만드는 것은 경청의 태도다.

요점 2에서는 어떤 질문이 학부모에게 유익한가. 다음 몇 가지의 대화의 예가 도움이 될 것이다.

- "네가 무엇인가 중요하게 할 말이 있다고 했는데, 네 마음에 있는 것이 무엇일까?"
- "너는 오늘 어떤 일로 화난 듯이 보이는구나. 네 기분이 풀어지도록 내가 해 줄 것이 뭐가 있을까?"
- "그것 참, 오늘 힘들었나 보구나. 그런 일이 일어났을 때는 학교가 기분 좋은 곳이 아닐 수 있겠다는 생각이 드는구나. 우리 함께 상황이 개선되려면 무엇을 할 수 있을지를 고민해 보자꾸나. 우리가 무엇을 할 수 있을까?"
- "애초에 이런 일이 일어나지 않게 할 방법이 있지 않았을까? 내가 몇 가지 예를 들어 보마."
- "그 아이들이 그런 행동을 하지 못하게 할 방법을 생각해 볼 수 있지 않을까?"
- "네게 일어난 일을 누가 또 알고 있니?"
- "이런 일이 다른 아이들에게도 일어난 것 같니?"

이 단계에서 가장 중요한 일은 질문을 받는 아이가 아주 구체적인, 즉 누가, 언제, 무엇을, 어디에서 등의 질문에 대답하는 것이 아님을 아이에게 확신시켜야 한다. 그런 종류의 구체적인 정보도 중요하지만, 아직은 아니다. 초기에 아이들에게 하는 질문은 아이들의 상태가 어떤지, 재미있고 즐겁게 살고 있는지에 대한 것이어야 한다. 그렇게 함으로써 부모는 자신이 신뢰 있고, 아이를 돕고 싶다는 강한 메시지를 아이에게 전달할 수 있다(그것은 마치 아이가 가족의 새 차를 망가뜨렸다고 말했을 때 "너 괜찮니?"라고 먼저 말하는 것과 같다. 차의 구체적인 수리에 대해서는 그다음에 생각한다.).

대화 요점 2는 다음 단계를 위해 핵심적인 부분이다. 학부모는 아이에게 무슨 일이 일어났는지에 대해 구체적으로 알아야 하지만 중요한 것은 사건 초기에 아이가 학교폭력을 당한 경험에 대해 입을 열도록 하기 위해 부모는 가능한 한 비판단적이 되려고 노력해야 한다는 것이다. 학부모가 비판단적인 태도를 가지는 것은 종종 어려운 일이다. 아이가 인정하기 어려운 일을 당했을 때, 아이가 가정의 규칙을 어겼고, 곤경을 야기하는 데 관여했다는 게 분명할 때 학부모가 한가히 앉아서 사건에 대해 아무 말도 하지 않기란 어려운 일이다. 그러나 학부모가 그런 구체적인 것을 논할 시간은 나중에도 있다. 아이의 행동에 대한 판단이 지금 당장 중요한 것은 아니다. 아이의 긍정적인 행위를 지지하는 최소한의 코멘트는 차후에 아이가 부가적인 정보를 이야기하게 하는 데 물꼬를 트는 역할을 한다. 다른 식의 코멘트는 아무리 부모가 부드럽게 이야기한다 해도 욕하는 것으로 들리고, 학교폭력을 당한 아이들은 그러한 것을 이미 충분히 겪었다.

대화 요점 3: 학부모는 현재의 흐름을 이해하기 위해 가능한 한 많은 구체적인 사실을 얻어야 한다

대화 요점 2와 3은 종종 동시에 발생하지만 대화 요점 3은 정보를 모으는 과정을 기다릴 필요가 있다는 것을 의미한다. 아이가 처음부터 자신의 곤경을 설명한다는 것은 매우 어려운 일이다. 피해를 당한 아이가, 특히 육체적 핍박을 당한 아이가 무슨 일이 있었는가를 설명하는 과정에서 사건 당시와 동일한 감정적 · 육체적 아픔을 다시 경험하는 일은 흔하다. 그것은 피해자 측면에서는 가장 끔찍한 것인데, 아이가 사건 초기의 강도만큼이나 유사한 정도로 심리 · 육체적인 고통을 받을 가능성이 있다. 이러한 현상을 초경계 반응(hypervigilance)이라고 한다. 이 정도로 영향을 받은 아이들은 항상 경계하고, 단순한 동료와의 상호작용도 위협으로 해석한다. 심각한 경우에는 그 잠재성이 만성적으로 학대당한 아이의 일상 활동에 큰 손상을 줄 정도로 커다란 스트레스 반응을 일으킨다. 이는 공격적 행동에 피해를 입은 모든 아이들이 정신적 외상을 입는다는 것은 아니다. 그러나 만성적 학대를 당한 아이일수록, 특히 육체적 · 심리적 학대를 당한 아이일수록 그럴 확률이 높다.

어떤 조건하에서 누구와 어디서, 언제, 무엇이 일어났는지의 구체적인 정보는 개입의 계획을 짜는 데 필수적이다. 이는 종종 학부모-자녀 간의 상호작용과 문제 해결에서 핵심이 된다. 학부모는 심문자처럼 보이지 않는 심문자가 되어야 하는데, 이는 쉽지 않으며, 특히 10대처럼 어른은 꼬치꼬치 캐묻는 존재라는 생각이 굳어 버린 경우에는 더욱더 어렵다.

다음의 예시 질문은 학부모가 대화 요점 3을 행하는 데 있어 도움이 될 것이다.

- "정확히 무슨 일이 있었니? 어떻게 된 것인지 내가 알 수 있게 처음부터 말해 주렴. 가능한 한 모두를 기억해 보자."
- "그런 행동이 언제 나타났니? 학교 가기 전이니 혹은 방과 후의 일이니? 혹시 학교에서 그랬니? 학교에 있던 시간에 그랬다면 정확히 언제니?"
- "그런 행위가 어디에서 벌어졌니? 교실에서? 복도에서? 운동장에서? 아니면 식당에서 그랬니? 버스 안이나 버스 정류장에서 그랬니?"
- "누가 문제를 일으켰니? 1명이니 아니면 여러 명이니? 그것을 본 다른 아이는 없니? 본 아이들이 있다면 그 아이들은 즐거워했니 아니면 겁먹었니? 혹은 보기만 하고 가만히 있었니?"

대화 요점 1을 기억하라. 격려하고, 인내를 가지며, 시간을 줄 필요가 있다. 아이들과 이야기할 때 대화 요점 1은 항상 중요하다. 기억하라. 만일 아이가 한 조각의 정보도 주기를 어려워한다면 부가적인 구체화를 위한 질문의 답을 듣기란 더 어려워질 것이다.

피해자는 종종 다시 학교폭력을 당하지는 않을까 하는 공포 때문에 구체적인 이야기를 하지 않을 수 있다. 학교폭력의 재발 (revictimization)은 개인이 도움을 받으려는 노력의 직접적인 결과로서 추가적인 가해를 당할 때 발생한다. 이것이 아이들이 자신의 곤경에 어른이 참견하지 않았으면 하는 첫 번째 이유다. 학교폭력의 재발은 2가지 방식 중 하나로 일어날 수 있다. 그 첫 번째는 놀림이나 학교폭력으로 초경계 상태가 되어 도움을 요청하는 아이들이 자신의 이야기를 하면서 그들이 맨 처음에 학교폭력이나 놀림을 당했을 때 경험한 감정이나 공포를 똑같이 경험하는 것이다. 보다 일반적인 학교폭력의 재발 유형은 종종 피해자가 누군가에게 도움을 요청해서 가해자가 다시 피해자를 공격하는 형태를 취한다.

누가, 언제, 어디서, 어떻게 괴롭혔는가에 대해 가능한 한 구체적인 정보를 얻는 것은 개입의 계획을 짜는 데 필수적이다. 만일 학교폭력 사건이 체육관의 탈의실과 같이 주로 한 장소에서 발생한다면 감독 직원을 배치하여 미래의 학교폭력 사건을 사전에 방지할 수 있다. 개입의 계획이 물리 과학 같을 필요는 없다. 때로 모든 이를 위한 가장 효과적인 방법은 가장 적게 개입하는 것이다.

아이에게 대답을 준비할 수 있도록 시간과 공간을 주는 것은 아무리 강조해도 지나치지 않는다. 청소년들은 어른들의 질문 세례를 날마다 받고 있으며, 이에 화가 나서 우리에게 원하는 답을 주지 않을 수도 있다. 내가 개인적으로 선호하는 것은 교사가 학생에게서 답을 이끌어 내기 위해 다음과 같이 하는 것이다. "왜 너는 그렇게 생각하니?" 2초 정도 뜸을 들인 뒤 "아무도 없어? 좋아. 여기 왜……." 나는 이러한 직접적인 화법을 사용하는데, 이는 내가 젊은 교사 시절에 이런 방식을 사용했기 때문이다. 아이들은 자신이 할 일은 대꾸하지 않고 어른들이 답을 주거나 혹은 다른 것을 하도록 기다리는 것을 재빠르게 배운다. 그리고 잠시 뒤에 어른들이 묻는 모든 질문은 '이러쿵저러쿵(쓸데없는 것)'의 범주로 들어가기 시작한다.

아이와 청소년은 그들의 생각을 언어로 옮길 시간이 필요하다. 이는 특히 남자아이에게서 심한데, 이들은 종종 말문이 막혀 자신의 경험을 잘 설명하지 못한다. 물론 여자아이의 경우에도 자신의 감정이 격할 때는 말을 제대로 하지 못한다. 당신은 공포를 묘사해 본 적이 있는가? 공포는 행동으로 표현되는 것만큼 말로는 잘 설명이 안 된다.

학부모에게 강조하고 싶은 것은 아이가 이야기를 시작했을 때 참을성이 있어야 한다는 것이다. 그것은 잠시 동안일 수 있고 혹은 며칠이 걸리는 패나 긴 시간 동안일 수도 있다. 아이가 이야기를 하는 데 도움이 되는 것은 인내로서 급한 성화보다 훨씬 더 효과가 있다. 부모가 아이를 돕는 데 너무 열의가 넘쳐서 아이를 질문으로 들볶고, 다그치지 말아야 한다.

학부모가 원하는 정보를 얻지 못하는 말은 다음과 같다.

- "나는 네가 빨리 말했으면 한다. 우리는 벌써 30분을 소비하고 있어."

- "나는 정말로 이 문제에 대해 너와 이야기하고 싶단다. 그렇지만 네가 원하지 않는다면 나 역시 어쩔 수가 없구나."
- "선생님이 네가 문제를 일으켰다고 생각하는 것도 무리가 아니구나. 너는 내게조차 무슨 일이 있었는지를 말하려 하지 않는구나."

다음의 말은 필요한 응답을 얻어 낼 가능성을 높인다.

- "네가 그것에 대해 이야기할 때까지 나는 얼마든지 기다릴 용의가 있단다."
- "네가 그 이야기를 내게 들려주고 싶을 때 들리렴. 나는 네가 마음먹기를 기다리고 있단다."
- "나에게 네 이야기를 듣는 것보다 더 중요한 것은 없단다. 나는 이 문제를 해결하기 위해 너와 함께하고 싶구나."

대화 요점 4: 문제를 해결하기 위해 부모가 아이와 함께할 것임을 확신시킨다

학교폭력과 놀림 사건에 대해 아이와 구체적으로 이야기를 할 때는 학교폭력을 당한 아이에게 희망을 주는 말로 첫 대화를 마치는 것이 긴요하다. 이에 대한 예는 다음과 같다.

- "그래, 내가 진행되는 모든 일을 멈출 수는 없을지라도 그 문제를 해결하기 위해 내가 할 수 있는 일을 하겠다고 네게 약속하마. 자, 이제 머리를 맞대고 이 문제를 풀 수 있는 최선의 길을 찾아보자."

돕겠다는 약속을 하는 것도 중요하지만 잘못된 희망을 주지 않는 것도 중요하다. 학부모는 자신과 교사가 할 수 있는 것과 할 수 없는 것에 대해 솔직해야 한다. 우리 중 누구도 다른 사람을 통제할 수 없으며, 우리의 학교폭력 문제에 대한 개입이 학교폭력과 놀림을 뿌리째 뽑을 수 있는 결과를 가져온다고 확신할 수 없다. 그러나 부모의 도움이라는 약속과 희망은 아이들의 '무시하고 그냥 가자.'는 전형적인 태도를 바꾸게 하는 데 절대적으로 필요하다.

아이에게 솔직해진다는 것은 우리의 감정을 아이에게 진실하게 전달한다는 것이다. 그러나 아이를 위해서 말하고 싶은 것을 자제해야 한다. 학부모는 다음과 같이 말하고 싶을 것이다.

- "나는 그런 일이 일어났다는 것을 믿을 수 없다. 어떻게 감히 그놈이 네게 그렇게 할 수가 있니? 지금 버스 정류장으로 가 그놈을 한 대 후려쳐서 누군가에게 당하는 것이 어떤 느낌인지를 분명히 알게 해 주겠어."

그것이 솔직한 심정일 것이다. 그러나 그게 아이들에게 좋을까? 앞에서 이미 이야기한 것처럼 그렇게 했을 때의 결과를 우리는 잘 알고 있다.

아이들이 학교폭력 때문에 고통을 호소하고, 견디기 어려움을 토로하면 부모로서 가만히 있기란 매우 어렵다. 그러나 어른이 분노를 표현하고, 그러한 모욕에 대한 보복을 맹세한다면 이는 폭력의 악순환만 야기할 것이다. 좀 더 절제된 대응은 다음과 같다.

- "그런 일이 네게 일어나서 정말 미안하고, 나 역시 화가 나며, 슬프구나. 너는 그런 일을 당할 이유가 없다. 누구도 네게 그렇게 할 수는 없다. 잠시 생각할 시간을 가져 보자꾸나. 그리고 다시 이야기해 보자."

어른들도 마찬가지로 자신의 아이가 학교폭력을 당한 이야기를 들었을 때 감정적 반응을 추스르기 위해 잠시 시간을 가지는 것이 좋다. 그것은 즉각적으로 튀어나오는 화와 욕설을 억제하고 좀 더 어른스러운 대응을 할 수 있도록 시간을 주는 것이다. 만일 욕설이 나왔다면 이는 학교폭력 피해를 당한 아이에게 도움이 되지 않을 것이다. 그들은 이미 처음에 피해자가 되었을 때 그런 말을 충분히 들었다. 그리고 자신이 취급받았던 대우에 대해 어느 정도 책임이 있어서 그런 말을 들을 만하다고 생각할 수도 있다. 아이들은 자신이 부모를 화나게 했다고 믿기 때문에 더 이상 부모를 화나게 하지 않기 위해 구체적인 사실을 나누지 않으려고 한다.

대화 요점 4는 지지와 확신을 주는 것이다. 교사와 학부모는 문제 해결의 일부가 될 수 있고, 교사와 학부모의 협력이 긍정적인 해결의 가능성을 높일 수 있음을 아이가 이해하도록 하는 것이 필요하다. 학교폭력에 대한 구체적인 사실을 공유함으로써 문제가 해결될 수 있음을 아이들이 이해하도록 해야 한다. 학교폭력을 막는 것은 복잡한 것임을 아이들에게 이해시켜야 하며, 아이들이 학교폭력 비행의 이유를 자신이 제공하고 있다고 가정하는 것도 막아야 한다. 부모의 지지와 확신은 아이들이 부모에게 이야기할 수 있도록 불확실성을 제거하는 것이다. 이것은 특히 스스로 모든 문제를 해결하는 것이 어른이 되는 것이라 생각하는 청소년에게 더 필요하다. 아이들과 청소년들은 학교폭력이 혼자 해결하기에는 어렵고 복잡한 문제이며, 그렇기 때문에 여러 어른에게 도움을 요청해야만 한다는 것을 배워야 한다. 이것은 우리가 아플 때 우리는 어떻게 치료해야 할지 모르기 때문에 의사에게 가는 것과 동일하다.

대화 요점 5: 학부모는 아이의 의견과 걱정에 대해 질문해야 한다

이번 단계는 피해자가 머뭇거려서 상황에 진전이 없을 때 사용하는 대화 요점이다. 아이들은 다시 학교폭력을 당하는 것에 대한 두려움과 친구들에 대한 수치감으로 걱정한다. 이는 개입 전략의 수립에서 고려되어야 한다. 이 문제를 알았을 때 학부모는 어떻게 할까? 선생님이 괴롭힌 아이를 데려다가 야단칠 때 내게 무슨 일이 일어날지, 괴롭힌 아이가 나를 쫓아오지는 않을지, 이 이야기를 했을 때 내가 어떻게 보호받을 수 있을지, 더 이상 문제가 일어나지 않을지 등 아이에게는 많은 의문이 생길 것이다.

피해를 당한 아이들이 그러한 과정에서 어떤 것도 보장되지 않지만 그러한 과정과 노력 없이는 아무것도 해결되지 않으며, 학교폭력은 계속될 것이라는 것을 이해하도록 해야 한다. 만일 노력이 효과적이어서 학교폭력이 중단된다면 좋은 일이지만 아닐 수도 있다. 그러나 더 나아지는 것은 노력을 한 이후의 일이다. 아이들이 그러한 과정에 참여할 수 있도록 매 순간 선택지가 주어져야 한다.

대화 요점 5는 피해자가 자신의 삶을 통제하고 이를 위한 힘을 가지도록 도와준다. 힘을 부여하고 통제를 다시 확보하는 것은 특히 맥이 빠진 사람들에게 중요하다. 맥 빠짐의 느낌은 사람을 희망과 도움이 없는 막막함으로 유도한다. 최악의 경우에 희망과 도움이 없다는 막막한 느낌은 피해자가 그들의 삶은 가치 없다고 믿으며, 내적으로나 외적으로 죽고 싶은 마음이 들게 한다(학교폭력에 시달리다가 자살한 아이가 가족들에게서 들은 괴롭고 통절한 이야기를 보기 위해서는 http://www.ryanpatrickhalligan.org와 http://www.jaredstory.com을 참조하라.). 치유 과정의 의미 있는 부분은 피해를 당한 개인에게 결정을 내릴 힘을 주는 것이다. 대화 요점 5는 피해자에게 우선적으로 그들이 그런 상황에서 원하는 것을 결정할 기회를 주어야 함을 의미한다.

아이들은 그러한 상황에서 어떤 것도 선택하지 않을지 모르는 데, 이는 다시 피해를 받는 것에 대한 두려움이 너무 크기 때문이다. 그러한 결정은 존중되어야 한다. 아이가 먼저 준비가 되기 전에 아이를 움직이게 하는 것은 또다시 아이가 학교폭력을 당하게 하는 것이 된다. 그것은 피해자와 개입자를 서로 이러지도 못하고 저러지도 못하게 하는 끔찍한 이중구속 딜레마(double-bind dilemma)다. 불행하게도 그러한 이중구속은 동일한 이유로 가해자가 계속해서 가해 행위를 하게끔 할 수 있다. 아무것도 행해지지 않고, 어떤 개입도 발생하지 않는다면 피해자의 생활에는 어떤 변화도 없을 것이다. 선택하지 않는 것을 선택함 역시 선택이다.

인내, 동정, 열정이 학부모와 교사에게 있어야 한다. 학부모는 무엇인가를 하는 것의 장단점을 따져 봐야 한다. 다음과 같은 제안이 좋을 것이다.

- "이 사실을 학교에 알리면 어떻게 될지에 대해 네가 걱정하는 것을 이해한단다. 선생님께 이 정보를 알려서 네가 괴롭히는 아이들에게 더 당하게 된다면 나 역시 두려울 것이다."
- "우리가 이 사실을 학교에 알린다면 어떻게 될지 나도 잘 모르겠구나. 그러나 나는 내가 바라는 대로 될 수도 있다고 생각한단다. 나는 우리가 이 정보를 알리면 선생님이 이제까지 계속되어 오던 학교폭력을 멈출 수 있을지도 모르고, 괴롭히는 아이들에게 향후에 그런 행동이 또 발생한다면 용납하지 않을 것이라고 경고할 수 있다고 희망한단다. 우리가 말하면 그렇게 될 수도 있고, 아닐 수도 있을 거야. 나는 학교에 이야

기한다면 일이 잘 해결될 수 있도록 우리가 힘을 모을 수 있을 것임을 믿어. 내가 우려하는 것은 만일 우리가 아무것도 하지 않는다면 동일한 일이 지속될 것이고, 어쩌면 그것이 더욱 악화될 수 있다는 점이란다."

• "나는 네가 학교에 말할 것인지를 결정하기를 바란단다. 왜냐하면 네가 이 문제의 해결에 일부분이 될 수 있는 힘을 가지고 있음을 네가 아는 것이 중요하기 때문이야. 나는 이 문제를 해결하는 데 있어 네가 생각하는 것보다 훨씬 더 많은 힘을 가지고 있다고 믿는단다. 네가 원하는 것, 네가 자신에게 옳다고 생각하는 것을 내게 알려 다오. 충분한 시간을 가지면서 오늘 이야기한 것에 대해 생각해 보고, 어떤 것이 최선인지를 함께 고민해 보자꾸나."

이상 제안된 화법은 놀리기나 강하지 않은 괴롭히기의 경우에 추천될 수 있다. 동일한 맥락에서 본다면 학부모는 놀리기나 괴롭히기의 강도가 심할 때, 아이가 자신에게 발생한 일에 대해 이해할 능력이 없을 때, 아이에게 적절한 자기방어의 능력이 없을 때에 필요한 좀 더 높은 수준의 관심을 보여야 한다. 이유 없는 폭력, 상해가 동반된 폭력이 있을 때, 학부모는 즉각 이 사실을 학교 교장에게 알려야 한다. 이 충고는 권한 부여의 정신에 반대가 되지만, 학교폭력과 놀림이 극심한 경우에는 잠재적인 직접적 해를 즉각 방지하기 위한 개입이 있어야 한다. 그 경우에 필요한 대화 요령은 다음과 같다.

- "나는 네가 말해 준 것에 대해 정말 고맙게 생각한단다. 나는 네 건강과 안전이 정말 걱정되는구나. 너와 다른 아이들은 정말 안전하거나 건강하지 않은 것 같구나."

- "나는 네가 이 문제로 교장 선생님에게 가지 않기를 바란다는 것을 알고 있단다. 그러나 네가 학교에서 다쳐서 상처를 입었다면 어쩔 수 없단다. 네가 왜 학교에서 맞아야 하니? 그것은 누구에게나 옳지 않다. 지금까지 이야기한 것을 종합해 보면 학교에서 무슨 일이 일어나고 있는지, 누가 그랬는지를 알아야만 하고, 거기에 대해 무슨 조치를 취해야만 한다. 우리가 이 일을 비밀로 간직할 때가 아니구나. 네가 겪은 행위는 정말 용서할 수 없는 것이야. 나는 이런 일이 네게 일어나는 것에 대해 더 이상 그냥 있을 수 없단다."

- "내일 나랑 학교에 가서 교장 선생님을 만나 이 일을 어떻게 막을 것인지에 대한 이야기를 들어 보자. 네가 이 문제로 교장 선생님을 만나는 것을 원하지 않겠지만 이제 이 문제는 너나 우리 가족이 감당할 수 있는 수준을 넘어서 버렸다는 생각이 드는구나. 내일 학교에 가서 네가 안전하고, 건강하며, 존중받을 수 있는 조치를 시작해 보도록 하자."

대화 요점 5는 학부모가 다루기 가장 어려운 것 중의 하나다. 아이들의 자신을 위해서 개입하지 말아 달라는 요청은 강한 것이다. 누구도 상황이 더 나빠질 일을 하지 않으려고 하며, 사실 더 나아질 것이라는 확실한 보장도 없다. 이 시점은 학부모가 아이들을 위해 최선이라 믿는 것에 대해서 결정을 내려야만 하는 지점이다. 그 요청을 더 어렵게 만드는 것은 부모가 도움을 줄 수 있는 행동을 결정하는 것이 그렇게 간단하지 않다는 사실이다. 그것은 오히려 버스 정류장에서, 운동장에서, 식당에서, 화장실 등에서 일어나는 폭력에 대해 어른들에게 아무런 도움을 받지 않고 혼자서 어려움을 감내하고 더 내면으로 침잠하려는 과정의 시작일 수가 있다. 정말로 그것은 어려운 요청이다.

이 단계의 대화 요령이 의도하는 것은 아이들이 정보를 모으게 하고, 아이들에게 그들이 자존감을 찾도록 첫발을 내딛는 권한을 주자는 것이다. 대화 요점 6과 7은 행동 단계이며, 문제 해결을 위해 가족 바깥으로 한 걸음을 내딛는 단계다. 여기서의 제안은 학부모가 학교 교직원과 함께하도록 돕기 위한 것이다.

대화 요점 6: 아이가 신체폭력을 동반한 도발에 대응하지 않도록 한다

아이들은 놀림과 학교폭력이 일어난 환경으로 되돌아가야만 한다. 학부모는 아이가 받은 겁박이 폭력적인 것이라면 그들의 집 밖으로 아이를 내보내지 않으려고 할 것이다. 학부모는 그것이 문제를 해결하는 것이 아님을 알면서도 그렇게 한다. 폭력은 그것을 더욱 조장하고, 종종 모든 사람에게 통제 불능인 상태가 되어 버리는 무차별적인 폭력의 순환을 야기한다. 기억하라. 최근의 여러 사건은 가해자에 대하여 피해자가 분노를 나타내었을 때 돌이킬 수 없는 육체적 상해를 입은 것은 피해자가 아니라 가해자였음을 보여 주었다. 학부모와 교사는 겁박에 대한 대응을 논의하면서 우리가 폭력에 대해 은밀한 혹은 공공연한 찬성을 하지 않음을 분명히 해야 한다.

동시에 아이들은 공격당했을 때 자신을 방어할 권리를 가져야 한다. 나는 이 점을 강하게 강조한다. 공격은 육체적 그리고 언어적 모욕을 말하는데, 육체적 모욕이 더 공개적이고 분명한 반응을 야기한다. 학부모는 폭력에 대해서는 더욱 적극적으로 전통적인 교육의 조언을 구할 것이다. 그러나 자기방어는 그러한 도발에 대한 육체적 대응만을 뜻하는 것이 아니다. 자기방어는 『학교폭력과 관련된 양측(*Bullying From Both Sides*)』(8장을 참조하라)에 있듯이 비폭력적인 대응을 포함한다. 언어적 모욕에 대한 자기방어의 수단은 육체적 공격에 대해 필요한 수단과 다르다. 언어적 자기방어 기법은 가정과 학교에서 습득될 수 있는데, 학교 규칙의 위반을 덜 초래한다. 이러한 싸움에서는 가해자와 피해자의 구분이 잘 이루어지지 않으며, 둘 모두 유사한 벌을 받는 경우가 보통이다.

육체적 자기방어는 한 대 맞은 뒤에 즉각 도망하기부터 어른들에게 도움 청하기, 공격을 멈추게 하고 상해를 막기 위하여 동일한 힘으로 대응하기 등까지의 일련의 행동을 포함한다. 여러 상황은 각기 다른 대응을 요구한다. 아이와 학부모 모두 특정한 자기방어를 사용하는 데 따르는 결과를 알고 있으며, 어느 하나를 사용할 때 거기에 따라오는 결과를 준비해야만 한다. 육체적 공격에 대한 동일한 육체적 대응은 가해자에게 공격의 강도를 증가시키는 촉매작용을 일으킬 가능성이 크다. 가해자의 공격은 상대의 자기방어가 전개된 바로 그 순간이나 다른 선택된 시간에 이루어질 수 있다.

학부모와 아이들은 겁박에 효과적으로 대응하는 데 무엇이 필요한가를 잘 이해해야 한다. 새로운 기법을 익히는 데는 시간이 걸리며, 어떤 것은 교사나 학부모가 줄 수 없기도 하다. 만일 피하기나 대처하기 등의 방법이 피해자에게 작동하지 않는다면 새로운 방법과 전략이 다시 학습되어야 한다. 이들은 배우고, 익히며, 실행하는 데 시간이 걸린다. 마찬가지로 교사는 이러한 새롭게 획득된 기술이 아이들을 도울 수 있도록 학부모와 논의해야 한다. 결과는 늦게 나타날지도 모르는데, 특히 아이들이 새로운 효과적인 대응 기법을 배우거나 학교폭력으로 상실된 자기 존중감과 자신감을 얻으려고 할 때 그러하다.

아이들은 폭력의 위험을 피하기 위해 어디로 가야 하는지, 누구에게 의지해야 하는지를 알 필요가 있다. 다음의 대화 요점 7은 그에 대한 내용이다. 이는 혹시 있을 수 있는 육체적 부딪힘의 가능성을 줄이는 열쇠다. 아이들은 자신이 의지해야 할 어른이 누구인지, 어디가 안전한지를 알고 있을 때 자신의 비폭력적 자기방어 기제로서 그것을 이용할 수 있다. 학부모는 아이들에게 학교폭력과 놀림이 일어나는 장소 및 시간을 교사에게 알려야 한다고 이야기해 줄 필요가 있다.

여기에 학부모가 아이들이 난폭하고 괴롭히는 행동에 대해 대응하지 않도록 그들을 타이를 수 있는 팁이 있다.

- "나는 네게 일어난 일이 너를 매우 화나게 했음을 알고 있고, 네가 자신이 당한 그대로 그 아이들에게 보복하기를 원한다는 말을 들었다. 나는 네가 그렇게 했을 때 그것이 문제를 악화시킬 것 같아 염려가 되는구나. 왜냐하면 네가 그렇게 하면 상대방도 후일 그렇게 폭력을 행사하는 것이 정당하다고 생각할 것이기 때문이다. 아마도 그들이 다시 폭력을 행사할 것이기 때문에 무엇인가 다른 방법을 생각해 보자꾸나."
- "우리는 누군가가 우리를 부당하게 때릴 때마다 되받아칠 필요는 없단다. 때로는 그 아이들이 무언가 너를 해코지하고자 할 때 잠시 안전한 곳으로 피하는 것이 좋을 것이다. 그런 방법을 생각해 보았니? 오늘과 같이 무엇인가 나쁜 일이 일어날 것을 느낄 때 네가 갈 수 있는 안전한 장소가 있니?"
- "그들의 행동을 무시하는 것이 그러한 행동을 없애지는 못하지만, 내가 이 문제에 대해 너희 선생님을 만나서 이야기할 때까지는 욕하는 아이들에게 대응하지 않는 것이 최선의 길일 것 같다. 그 욕이 감정을 상하게 하고 화가 치밀게 한다는 것은 이해한단다."

교사가 학부모에게 마지막으로 강조하는 것은 부모는 아이가 단지 불편함을 느끼기 때문에 폭력적으로 대응하지 않도록 타일

러야 한다는 것이다. 학부모는 자신의 아이가 불편함의 느낌과 위협받음의 느낌을 구분할 수 있도록 도와야 한다. 모든 사람들이 때로 불편함을 느끼지만 아이가 불편함의 느낌을 위협받는 상황에서의 반응과 동일하게 느끼지 않도록 가르쳐야 한다. 겁을 느끼는 사람이 폭력적으로 반응하는 경우에 사회적으로 어떤 일이 일어날지 상상해 보라.

대화 요점 7: 부모는 아이가 자신에게 도움을 줄 사람을 찾도록 격려해야 한다

아이들은 괴로움을 느낄 때 어른들이 자신을 돕기 위해 언제든지 달려올 것이라고 기대한다. 이는 합리적인 기대일 뿐만 아니라 동시에 아이들의 도움 요청에 대한 어른들의 대응의무이기도 하다. 어른들은 아이들의 모든 요청에 대해 과잉 반응하지 않도록 해야 하는데, 과잉 반응은 아이들이 문제가 생겼을 때 매번 어른들에게 의지하도록 만들 수 있기 때문이다. 또한 어른들은 아이들의 모든 요청을 "그건 아이들 일이고, 아이들 스스로 해결할 수 있어."라고 하면서 매번 무시해서도 안 된다.

아이들은 어떻게 어른들이 그들의 관심에 반응하도록 할지를 일찍부터 배운다. 그 관심이 학교폭력이나 놀림에 이르게 되면 전형적인 아이들과 청소년들은 어른들이 자신의 곤경에 대해 얼마나 관심이 있겠느냐와 같은 상당한 정도의 냉소주의를 발전시키게 된다. 대부분의 아이들에게 겁박과 관련한 문제를 어른들에게 이야기하지 않은 이유를 물어보면, 첫째, 어른들이 그 문제에 대해 아무것도 안 할 것이며, 둘째, 만일 어른들에게 이야기한들 어른들의 하면 하고 말면 마는 식의 대응이 오히려 문제를 악화시키기 때문이라고 말할 것이다. 이러한 아이들의 믿음이 옳든지 그르든지 간에 아이들에게는 어른들에게 요청하는 것은 쓸데없는 것이라는 믿음이 만연해 있다. 이러한 상황은 변해야 한다.

학부모는 아이가 어려운 상황에서 아무 의지할 것이 없을 때 감독권을 가진 어른들에게 도움을 받으러 가도록 격려해야만 한다. 우리가 종종 이야기하는 완벽한 세상에도 비폭력의 수단이 없을 때 아이가 '나는 어떻게 해야 할지 모르겠어요. 진짜로 당신의 도움이 필요해요.'라고 무언의 메시지를 보내면 어른들은 아이의 요청을 심각하게 받아들여야 한다. 그러한 상황에서 아이들은 스스로 문제를 풀기 위해 먼저 노력하며, 어른들은 아이들이 그들에게 오기 전에 무엇인가 노력했음을 알기 때문에 아이들의 요청을 심각하게 받아들이는 것이다. 어른들이 아이들의 도움 요청을 무시하게 되면 그들은 아이들 앞에서 체면이 구겨지게 된다. 아이들이 '스스로 문제를 해결하고, 성장하도록 격려하는 것'은 어른들에 대한 믿음과 신뢰를 깨트릴 수 있다. 아이들은 의미 있는 어른에게 거부되었을 때 다른 곳에서 답을 찾게 되고, 어디에선가 누군가에게 안내를 받겠지만, 그러한 안내가 아이들을 위한 최선이 아님을 우리는 안다.

어른의 도움을 찾는 것에 관한 부모와 아이의 대화는 다음과 같이 진행될 수 있다.

- "아마 너희 선생님은 조쉬가 연필로 네 목뒤를 찌른 것을 모르는 것 같구나. 나는 선생님이 그것을 알아야 한다고 본다. 너희 선생님은 학생들을 돌보는 것을 좋아한단다. 너는 아마 선생님이 얼마나 일을 잘 처리하는지를 알면 놀랄 거야."
- "너와 친구들이 방과 후에 주차장에서 곤란을 겪고 있다면 너는 어떤 일이 일어나고 있는지를 네가 좋아하는 선생님에게 말하고 알릴 필요가 있다. 선생님은 아마 기꺼이 주차장을 더욱 긴밀하게 감시할 것이며, 거기서 어떤 일이 일어나고 있는지를 정확하게 파악할 거야. 그것이 문제를 해결하는 길인 듯하구나."
- "너는 점심시간에 여학생 화장실에서 무슨 일이 일어났는지를 담임 선생님이나 다른 선생님에게 말하려고 하지 않는구나. 그러나 네가 그러한 일에 대한 정보를 알려 주지 않으면 문제가 풀리지 않을 뿐만 아니라 오히려 더 악화될 뿐이라고 나는 생각한다. 만일 네가 그 여학생을 찌른 아이들의 이름을 안다면 그 여학생이 그러한 학교폭력을 그치게 하는 어떤 도움을 원한다고 생각해 보지 않겠니? 너는 다른 사람의 문제를 해결하는 데 중요한 역할을 할 수도 있단다."

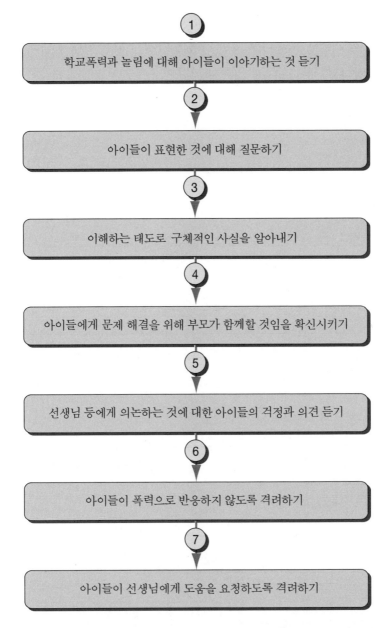

1. 학교폭력과 놀림에 대해 아이들이 이야기하는 것 듣기

2. 아이들이 표현한 것에 대해 질문하기

3. 이해하는 태도로 구체적인 사실을 알아내기

4. 아이들에게 문제 해결을 위해 부모가 함께할 것임을 확신시키기

5. 선생님 등에게 의논하는 것에 대한 아이들의 걱정과 의견 듣기

6. 아이들이 폭력으로 반응하지 않도록 격려하기

7. 아이들이 선생님에게 도움을 요청하도록 격려하기

[그림 9-1] 학부모가 학교폭력에 관하여 아이들과 대화하는 데 도움을 주는 7가지 초점

다음 장에서는 부모가 자녀들이 겪는 학교폭력에 대한 우려를 학교 당국자와 다루고 난 다음에 가지게 되는 기대에 대해 논의한다.

제10장
학교폭력 문제 해결에서 학부모와 교육자가 가지는 정당한 기대

정당한 기대 1: 모든 학교폭력이 근절되거나 방지될 수 없다

정당한 기대 2: 일단 학교폭력이 알려지면 학부모는 감독 당국(교장 등)이 관심을 보일 것을 기대할 권리가 있다

정당한 기대 3: 학부모는 학교 당국이 그 문제를 조사하기를 기대한다

정당한 기대 4: 학부모의 보고 내용이 확인된다면 적절한 개입이 이루어질 것이다

정당한 기대 5: 학교 관계자는 개입의 결과에 대해 학부모와 소통할 것이다

정당한 기대 6: 정당한 기대 1을 잊지 말자-모든 학교폭력이 근절되거나 방지될 수 없다

제10장 학교폭력 문제 해결에서 학부모와
교육자가 가지는 정당한 기대

    학부모는 아이들이 안전하고 건강하기를 원하는데, 특히 아이들을 맡긴 곳의 환경에서 그러하기를 원한다. 그들은 아이들을 돌보는 사람들에 대하여 확실한 기대를 가지기를 원한다. 학부모는 아이를 돌보는 사람들이 그들의 직업에 대한 지식과 자격을 가지고 있기를 원한다. 가장 중요하게는 돌보는 사람들이 진심으로 아이들에게 신경 써 주기를 기대한다.

    교육환경에서 문제가 생길 때, 아이들과 돌보는 사람들이 그 문제를 해결할 수 없다면 학부모는 그러한 상황을 개선하기 위해 감독 위치에 있는 사람들과 협력하도록 안내되어야 한다. 그러나 얼마나 관여할 것인가? 학부모의 관여가 어느 정도 수준이어야 적절한가? 어느 정도로 적절한 수준이어야 학부모가 아이들 대신에 잔소리하는 것이나 과잉 행동으로 비쳐지지 않을 것인가?

    교사가 학교폭력과 놀림에 대한 학부모의 걱정에 대응할 때 만나게 되는 6가지의 정당한 기대가 있다. 이 기대는 제8장에서 논의한 7가지 요점의 이행과도 연계하여 사용할 수 있다. 이 6가지의 기대는 학부모와 아이들에게 학교 관계자와 함께 문제를 치유하는 데 노력을 기울일 의무가 있음을 가정하고 있다. 문제에 직접 관여된 당사자가 가장 낮은 수준에서 노력할 때 그 문제는 가장 잘 치유된다. 이는 문제 해결의 지리학에서 통상 참조되는 것이다. 문제 해결에 더 많은 사람들이 관여하면 문제는 더 복잡해지고, 그들이 예정된 대로 움직이지 않을 가능성이 더 커진다.

정당한 기대 1: 모든 학교폭력이 근절되거나 방지될 수 없다

어떤 사람은 멈춤 신호에서 달린다. 학교폭력은 가해자가 다르게 행동하도록 선택할 이유가 주어지지 않는다면 계속될 것이다. 모두가 아무리 그러한 학교폭력 행위를 방지하려고 노력하고, 지구상에서 학교폭력을 뿌리 뽑고 싶어 해도 우리는 청소년과 아이들 사이에서의 학교폭력과 놀림을 완전히 제거할 수는 없다. 학교폭력은 문화적인 현상이며, 아이들이 폭력을 문제 해결의 수단으로 이용하는 것을 조장하는 미디어의 홍수 속에서 전 세계적인 문제가 되었다.

학부모는 자신의 아이가 까다롭고 요구적인 성격의 아이들에게 노출될 수 있음을 이해해야만 한다. 이러한 아이들은 언어적 혹은 육체적으로 위협 행위를 할 것이다. 학부모는 아이가 다루기 힘든 아이들 혹은 사람들을 만날 수 있다는 단순한 사실을 아이에게 솔직하게 이야기해야 한다. 하지만 그것이 그들에게 대처할 방법이 없다는 것을 의미하지는 않음도 이야기해야 한다. 만일 아이들에게 그러한 정보를 주지 않는다면, 혹은 어떤 위협이 왔을 때 뒤로 물러나라고 가르치거나 어떤 조치도 취하지 않는다면 우리는 우리 아이들이 인간 상호작용의 어려움에 대한 준비를 할 수 있는 발판을 마련해 주지 못한 셈이 된다.

아이들이 인생의 부당함에서 벗어난 안전한 세상에 살고 있다고 가정하는 학부모는 사랑하는 사람이 받는 부당함에 불면의 밤을 보낼 것이다. 학부모의 걱정의 수준은 아이에게 직접 전달된다. 아이들은 아이들의 세계나 부모들의 세계에 불편함을 나타내는 부모의 행동을 따라 할 것이다. 학부모는 놀림이 무시된다는 인상을 주지 않고, 과잉 행동으로 긴장의 수준을 높이는 대신에 그러한 보고에 차분히 반응하는 것이 좋다.

여기에 학부모가 정당한 기대 1을 이해하도록 돕는 몇 가지의 아이디어가 있다.

- 교사는 아이가 또래들과 어울리는 데 어려움이 있음을 처음부터 학부모와 공유하도록 한다. 교사는 누구라도 학교에서 잘못 대접받는다고 느끼기를 원하지 않지만, 사실 교사가 가능한 모든 방법을 동원해서 학교폭력이 일어나지 않도록 하여도 학교폭력은 교사의 등 뒤에서 일어나고 있는 것이 현실임을 말해 주어야 한다.
- 교사가 문제를 해결하는 데 있어 학부모의 도움을 필요로 하지만 솔직해질 필요가 있다. 교사가 학교폭력을 막고자 아무

리 노력해도 어떻게 해서든지 남을 괴롭히는 방법을 찾아내는 아이들이 있다. 우리는 학교폭력을 막고 방지하기 위해 노력하지만 교사가 발생하는 모든 학교폭력을 간파할 수는 없다.

• 교사는 학교폭력이 발생하면 그것을 막으려고 노력할 것이다. 그렇지만 진실로 어떤 아이들은 다루기가 어렵고, 그 아이들이 우리가 방심하는 매 순간에 호시탐탐 또래를 괴롭히는 방법을 찾지 못하도록 하겠다고 장담하기가 불가능하다.

정당한 기대 2: 일단 학교폭력이 알려지면 학부모는 감독 당국(교장 등)이 관심을 보일 것을 기대할 권리가 있다

교장 등의 관리자는 자신의 관할하에 있는 사람들에게 건강한 환경이 조성되기를 바란다. 건강한 학습환경은 안전한 분위기를 조성하고, 긍정적 학습이 일어날 가능성을 높인다. 교장은 그들의 학교에서 부정적 경험이 발생했을 때 관련된 모든 사람들이 동일한 방식으로 괴로움을 경험한다는 사실을 안다. 그러한 괴로움은 아이가 학교폭력을 당한 경우처럼 직접적일 수도 있고, 학부모가 교직원이 학교폭력 행위가 일어나도록 허용한 것으로 인식할 때 교직원 등이 쓰는 오명처럼 간접적일 수도 있다.

학부모는 자신의 아이를 괴롭히는 것을 멈추게 할 '그 무엇인가를 할' 사람을 누구로 생각하는 걸까? 그것은 그러한 행위가 발생하는 구조의 환경에 달려 있다. 그는 탁아소의 원장일 수도 있고, 교실을 책임지는 교사일 수도 있다. 그는 버스 운전사일 수도 있고, 운동장 감독자일 수도 있다. 하지만 확실히 그 사람은 명령의 최상위에 있는 교장일 가능성이 높고, 궁극적으로 교육청 관계자 혹은 이사회일 수도 있다. 모든 학부모가 아는 것은 책임을 지고 있는 사람들이 그들의 아이를 위험에서 보호해야 하며, 또 자신은 그런 기대를 가질 만한 자격이 있다는 것이다.

그러나 이와 동시에 학부모는 처음에 문제 제기를 할 때 학교 당국자를 소외시키지 않기 위해서 따라야 하는 구체적인 절차가 있음을 이해해야만 한다. 그것은 전달 서비스에 문제가 있어서 전달이 늦어진 사안을 가지고 기업의 회장을 부르지 말아야 함을 의미한다. 시스템은 그러한 불만에 대응하는 기제를 가지고 있고, 규정대로 따르지 않는 사람은 제대로 된 성과를 볼 수 없게 된다. 학교폭력 행위에 직면하여 우려를 표명하고자 하는 학부모는 학교 조직의 규칙에 따라서 움직일 수 있도록 도움을 받아야 한다. 명령 위계를 따라갈 때는 시간이 걸릴 수 있다. 문제가 가장 낮은 단계에서 잘 처리될 수 있는 경우에도 전체 조직이 움직이도록 요청하는 것은 신중하지 못하다. 문제 해결의 지리학을 기억하라. 학부모는 학교 시스템이 어떻게 움직이고, 그 시스템이 문제를 어떻게 풀어 가는지를 이해하면 이득을 볼 것이다.

학부모는 그 문제를 누구에게 이야기해야 할지 결정하는 데 도움이 필요하다. 누구에게 첫 번째로 그 문제를 이야기했을 때 가장 효과적일지를 고려하는 것은 중요하다. 공교육 체계 내에서는 학교폭력이 일어났을 때 통상적으로 따라야 하는 절차가 마련되어 있다. 개인을 보호하고 효율적인 개입 계획을 수립하기 위해 첫 단계에서 정보를 모으는 과정을 책임지는 특별한 사람들이 있기도 하다. 탁아소나 사립학교 혹은 시골 학교처럼 작은 조직에서는 통상적으로 그 모든 요청이 교장이나 원장에 의해서 처리된다. 조직의 규모가 아이가 어떤 감독을 받고, 개입 계획이 실행되는데 얼마의 시간이 걸리는가를 결정한다.

교사는 학교폭력에 대한 이야기나 불평이 그들에게 도달하였을 때 당황하지 않도록 해야 한다. 학부모의 위협적이지 않은 질문은 학교나 학교 교직원에 대한 비방을 담고 있지 않다. 그리고 그것은 아이들의 건강과 안전에 관한 부모와 교사의 상호 관심이 무엇인가에 대해 방어적인 반응을 할 필요를 감소시킨다. 아이들의 안전과 건강에 대해 상호 관심을 가지는 것은 모든 당사자의 협조적인 분위기 조성을 증진시키며, 모두를 위한 윈-윈(win-win)의 해결책을 가져올 가능성을 높인다. 교사의 부정적이고 고발적인 목소리는 학부모가 교사를 멀리하게 만들고, 도움을 받으려는 생각을 달아나게 한다.

효과적인 감독 당국은 그 문제에 관심을 가지고 가능한 한 빨리 적절한 개입을 할 것이다. 일정하게 개입한다는 것은 첫 시도에 문제를 해결하는 것이 아니다(만일 그렇다면 그것은 굉장한 것인데, 통상 그렇게 되기가 쉽지 않다.). 때로 이전에는 감독하지 않았던 문제에 감독자를 할당하는 것만으로도 그 문제를 축소하거나 없앨 수 있다. 그렇지만 통상 학교폭력은 복잡한 문제이며, 다면적인 접근을 필요로 한다. 그러나 세심하게 살피는 감독자가 있다면 가급적 빨리 문제행동을 억제하는 조치를 취할 수 있다.

학부모가 학교폭력 문제를 알려 왔을 때 가능한 대응에는 다음과 같은 것이 있다.

- "이 문제를 우리에게 알려 주셔서 고맙습니다. 우리가 어떤 조치를 취해야 마땅할지 살피기 위해 내일 아침부터 바로 이 문제에 대한 검토를 시작하겠습니다."
- "그런 일이 일어났다니 정말 유감입니다. 제가 내일 존을 만나서 이 문제에 대해 좀 더 알아보고, 버스 운전사에게도 무슨 일이 있었는지를 알려 두겠습니다."
- "우리는 문제 해결 팀을 가지고 있으므로 바로 그 문제를 처리하도록 하겠습니다. 만일 부모님과 존이 괜찮다면 문제 해결 팀이 내일 존을 만나서 그와 같은 문제를 피할 수 있는 방법을 알려 주도록 하겠습니다. 그동안에 우리는 그러한 행위가 일어나지 않도록 조치를 취하겠습니다."

모든 대화가 공개되면, 모든 사람은 학교 당국자가 다른 사람과의 대화에서 정직하다고 느낄 것이다. 그러한 정직성과 공개성은 그렇지 않았으면 풀기 어려웠을 문제를 좀 더 다루기 쉽게 만든다. 학부모와 교사의 협력을 막는 가장 뚜렷한 길은 학부모가 처음 문제에 대해 말했을 때 교사가 관심을 기울이지 않는 것이다. 학부모가 자신의 자식을 대신하여 말할 때는 문제가 이미 상당히 진척되어 있음을 염두에 두는 것이 중요하다. 학교폭력이 일어났을 때 학부모와 아이 사이에서 그 문제가 이야기되기까지 시간이 걸리는 것도 마찬가지다. 이것은 아이들 세계에서는 분명하고, 청소년들의 경우에는 더 심한데, 아이들이 학부모에게 말하는 것은 문제가 정말로 큰 것이 되었을 때다. 학교폭력에 관한 이야기가 교사에게 들어갔을 때는 이미 상당한 시간이 흘러갔다는 것이다.

정당한 기대 3: 학부모는 학교 당국이 그 문제를 조사하기를 기대한다

효과적이고 건강한 조직은 그 시스템 자체 내에 문제에 대한 정보를 받아들이는 것을 반대하지 않는다. 건강한 조직은 문제가 어디에 존재하는지를 알고 싶어 한다. 그 이유는 그래야 그들이 문제를 해결하거나 없애기 위해 무슨 조치를 취해야 하는지를 살펴보기 위한 절차를 시작할 수 있기 때문이다. 학교폭력이 보고되고 있는 건강한 학교를 보여 주는 한 지표는 개선 절차를 시작하기 위해 상황에 대한 모든 것을 살펴보는 절차를 시작하고자 하는 교직원들의 의지다.

그러나 '조사하다.'라는 단어는 무엇을 의미하는가? 우리가 2006년 6월 15일 오후 2시 18분에 조니에게 무슨 일이 일어났었는지를 알기 위해 수지의 친구들을 심문하려고 FBI나 CIA를 불러야 하는 것을 이야기하는가? 정확하게 이는 아니다.

효율적인 교사는 관련된 당사자나 학부모가 말하는 것을 잘 듣고, 다음번에 유익하거나 필요하다고 증명된 행동이 일어나도록 돕기 위해 기록을 한다. 효과적인 감독자는 그러한 정보를 따라잡기 위한 절차를 시작하는 기제를 가지고 있다. 학교폭력에 대한 보고가 있을 때 학교에는 이다음에 어떤 조치가 취해져야 할지를 규정하는 정책이 있다. 최고의 교사는 어떻게 일을 진행시켜야 할지를 정확히 알고 있고, 학교폭력이나 놀림이 보고되었을 때 방어적이 되거나 움찔하지 않는다.

그러나 불행하게도 학부모는 종종 자녀의 학교폭력 피해를 감정이 북받친 상태에서 보고하기 때문에 전화나 방문을 받는 사람들은 즉각적인 조치를 취하도록 강요를 받아 방어적인 자세를 취할 수 있다. 학부모는 상대방이 그 문제에 대해 무관심한 듯하거나 열의가 없어 보여도 그들에게 학교폭력에 대한 책임이 있는 것이 아님을 상기할 필요가 있다. 성인에게 또래 학교폭력에 대한 책임이 있어 보인다고 해도 그들이 곧 3학년 아이나 자신의 딸이 점심 먹으러 갈 때 딴죽을 거는 사람은 아닌 것이다(만일 그렇다면 빨리 경찰을 불러야 한다.). 정당한 기대 2에서 언급한 것처럼 잠재적인 문제 해결 당사자가 초기에 수세적 입장에 있도록 하는 것은 문제를 더 깊이 파헤치고 해결하려는 의지를 북돋우는 좋은 방법이 아니다.

효과적인 당국자는 초기에 학부모의 보고가 들어왔을 때 그 특정한 상황 속에서 어떻게 문제를 풀어 가는 것이 최선인지를 결정해야 한다. 학교폭력의 장면에 가장 가깝게 있었던 어른들은 그러한 행위가 어떻게 발생했는지에 대한 과정을 잘 알고 있을 가능성이 크다. 그들은 학교폭력을 당한 아이들이 부모에게 자신의 행동에 대해서는 말하지 않았을 가능성이 크다는 통찰을 가지고 있어야 한다. 아이들은 항상 모든 이야기를 다 말하지 않기 때문이다(학부모는 다른 아이들은 모두 말하지 않는다는 것을 알지만 자신의 아이는 모두 말한다고 생각한다.). 효율적인 교사는 정보를 접하였을 때 그것에 대해 즉각적인 판단을 내리지 않고 그것을 가능한 사실로서 간주한다. 대부분의 이야기는 양면을 가지고 있다. 하나만을 생각하면 그것이 옳다고 판단할 것이다.

효율적인 교사는 어떻게 시작해야 할지에 대한 최선의 방법을 결정한다. 가능하면 다양한 사람들에게서 많은 정보를 수집하는 것이 중요하다. 물론 사실 찾기의 시작에서 가장 방해되는 요소는 학부모가 교사에게 이야기하지 않거나 교사가 아무것도 하지 않기를 원하는 아이의 요청이다. 학부모는 학교 당국에 그러한 문제를 이야기할 때 관련된 당사자가 완전하게 통제하지 못하는 도미노 효과가 시작하게 됨을 이해해야만 한다. 학부모는 학교폭력이라는 힘든 매듭을 풀기 위해서 때로는 일이 좋아지기 전에 나빠질 수 있음을 이해해야 한다.

모든 관련자에게서 가능한 한 많은 정보를 모아야 한다. 그러한 정보는 학부모의 보고를 확증하는 것, 괴롭히는 아이나 피해자의 행동에 대한 확증, 그러한 행위가 일어나는 곳을 관찰하는 것, 괴롭히는 아이와 희생자에 대한 각각의 인터뷰 등을 모두 포함한다.

그러한 사실 발견 및 확인을 수행한 후에야 비로소 당국자는 그

다음 단계에 취할 최선의 조치가 무엇인지, 즉각적으로 필요한 조치가 무엇인지에 대한 더 나은 결정을 내릴 수 있다. 정보를 수집하는 것은 보고가 있고 나서 바로 시작되어야 하지만, 치유되어야 할 문제가 있다고 결론을 내리는 것에는 며칠이 걸릴 수 있다. 학부모들의 인내가 요구될 것이다.

학부모의 걱정 표명에 대한 몇 가지 대응의 예는 다음과 같다.

- "어머니, 우리가 좀 더 차분하게 대화한다면 이 문제를 푸는데 훨씬 더 도움이 될 것입니다. 어머니가 저에게 말씀하신 내용에 대해서 저도 염려를 하고 있기 때문에 어머니의 걱정에 공감합니다. 그러나 다른 아이가 아드님에게 했던 일에 대해 저에게 화를 내신다면 저 역시 돕고자 하는 마음이 들지 않을 것입니다."

- "아드님에 대한 어머니의 관심을 말씀해 주셔서 고맙습니다. 어머니가 말씀하신 사건이 우리 학교 운동장에서 감독이 취약한 곳을 찾는 데 도움을 주었습니다. 우리 역시 지난주에 일어났던 모든 일에 대해 듣고는 그것을 정리하는 중에 있습니다. 우리는 사건을 조사하면서 어머니에게 계속 도움을 받고 싶습니다."

- "아버님, 저는 부모님의 관심을 무시하지 않습니다. 부모님이 이야기하시는 것을 모두 잘 듣고, 적고 있습니다. 그것은 우리가 이 문제를 빨리 파악하고, 아이에게 도움이 되도록 할 것입니다."

- "어머님께 우리가 이 문제를 즉각적으로 해결할 수 있다고 말씀드리고 싶지만 장담할 수는 없습니다. 이 문제는 몇몇의 학생들과 관련되어 있고, 우리가 문제를 정확하게 파악하기 위해서는 시간이 걸립니다. 그러나 우리가 모든 노력을 경주하여 가능한 한 빨리 문제를 해결할 것을 약속드립니다. 계속 연락을 드리겠습니다."

위의 사례 대화에서 볼 수 있듯이 학부모와의 접촉을 지속하는 것은 의사소통의 문을 열어 두게 하는 데 핵심 요소다.

정당한 기대 4: 학부모의 보고 내용이 확인된다면 적절한 개입이 이루어질 것이다

이러한 기대는 일어나야 할 때 반드시 일어나야 할 것이다. 이는 정당한 기대 5 이전에 있을 수도 있고, 없을 수도 있다.

교사는 아이들의 안전과 건강을 돌볼 의무가 있다. 이를 위해 때로는 직접적인 조치가 필요하다. 또래 간의 학교폭력 사건이 확증되고 날마다 일어난다면 교육 당국자는 그러한 학교폭력이 피해자에게 잠재적인 해가 될 때 개입을 할 권한이 있다. 그러한 개입은 직접적인 개입이 되어야 하는데, 만일 개입에 실패하면 무지의 행동이 될 수 있다.

적절한 개입은 몇 단계로 이루어진다. 괴롭히는 아이들에게 하는 직접적인 개입은 다음과 같은 고지를 하는 것이다.

1. 향후에 그런 행동을 하지 마라.
2. 그런 행동은 용납되지 않을 것이다.
3. 그런 행동을 계속한다면 그에 상응한 벌을 받을 것이다.
4. 피해자에게 적절하게 사과하라.

학교폭력이 없어져야 한다는 고지는 가장 극단적인 경우에 취해져야 한다. 이 단계에서의 개입의 초점은 비행에 대한 즉각적인 교정이며, 추가적인 학교폭력에 대비한 피해자의 보호다. 그리고 이에 관한 후속 조치가 뒤따라야 하는데, 그것은 가해자와 피해자 사이의 부정적인 상호작용을 피할 수 있게 한다.

학부모는 그러한 조치가 또래 간의 학교폭력 사건을 치유할 것이라고 생각할 것이다. 그러나 당국자가 학부모가 원하는 식으로 또는 신속하게 대응하는 것이 항상 가능하지는 않다. 작은 조직(유치원, 작은 학교, 혹은 사립학교)에서는 당국자를 제약하는 방해물을 공립학교와 같은 큰 조직보다 덜 가지고 있으며, 공립학교에서는 아이들을 보호하기 위해서 종종 동일한 규칙이 서류와 행정절차의 번거로움을 야기하여 즉각적인 조치를 늦어지게 만들기 때문이다. 하나의 큰 문제는 당국자가 사실 확인과 비밀보호 사이에서 어떻게 움직여야 하느냐다. 작은 기관의 당국자는 그러한 절차와 규제 없이 결정을 내릴 수 있다("왜 그런 식으로 하였습니까?" "내가 할 수 있었으니까요. 그게 답입니다."). 폭풍우가 이는 날씨에는 안내와 지도에 따라 움직이는 것이 최선이다.

정당한 기대 5: 학교 관계자는 개입의 결과에 대해 학부모와 소통할 것이다

학부모는 아이들이 특히 겁박으로 인해 무슨 일을 당했는가에 대해 알기를 원한다. 효율적인 학교 관계자는 가능한 한 많은 정보를 학부모와 공유할 것이다. 하지만 학교 관계자는 그 사고에 대한 모든 정보를 학부모와 공유하지는 않는데, 아이들과 가족에게 비밀보호의 권리를 제공해야 하기 때문이다(이는 여러 법으로 규정되어 있다.). 사립기관은 학생과 가족의 비밀을 보호할 동일한 의무가 없을 수 있지만 아이들 사이의 갈등을 논의할 때는 가능한 한 개인적 정보는 가리는 것이 보통이다.

학부모는 학교가 즉각적인 조치를 취하기를 기대하지만, 학부모가 기대하는 시의적절과 학교 당국의 시의적절은 시간대의 측면에서 다르다. 학부모는 오직 자신의 아이에게만 초점을 두어 생각한다. 그러나 교육자는 수백 명의 아이들을 생각해야 하며, 도움을 요청한 아이와 같은 크고 어려운 조치를 필요로 하는 아이들이 많이 있다. 이는 특히 큰 규모의 공립학교에서 그러한데, 학부모는 당국자가 자신의 일에 대응하도록 하기 위해서 줄을 서야 할 수도 있다. 종종 대응의 급작성은 우선순위에 의해 결정되며, 통상 가장 위험하고, 가장 어려우며, 학교 전체를 위험에 빠뜨리는 사안이 우선적으로 다루어진다.

합리적으로 생각하는 것은 학부모가 교사와의 면담을 잘하기 위한 중요한 특성이다. 인내가 그 열쇠다. 그러나 학부모는 자신이 이해하지 못하는 것에 동의하지 않는다. 학부모는 교사에게서 어떤 조치가 있었는지에 대한 언질을 받지 않을 때에는 개입이 성공적이지 않다고 판단한다. 즉각적 개입이 성공적이라는 이야기를 듣는 것만으로도 충분하지 않다. 학부모에게는 그 사건이 향후 어떻게 방지될지에 대해 답변을 해 주어야 한다.

유치원 당국자의 효과적인 대응은 다음과 같다.

저는 자미와 앤디 사이의 일에 대한 부모님의 보고에 관해 답변을 드리고자 합니다.

저는 그 아이 둘과 가까이 있었고, 부모님 말처럼 간식 시간과 놀이 시간에 앤디가 자미를 살짝 민 것은 사실입니다. 오늘 앤디는 자미의 과자를 뺏으려고 하였고, 자미가 잡은 장난감에 눈독을 들였습니다. 저는 앤디에게 그가 한 행동에 대해 이야기를 하였고, 앤디는 즉각적으로 저에게 미안하다고 하면서 다시는 그러지 않겠다고 하였습니다. 앤디는 저의 이야기를 들은 이후에 자신의 행동을 뉘우치는 듯하였고, 자미에게 사과하면서 둘은 포옹을 하였습니다. 그날 오후 앤디와 자미는 함께 장난감을 가지고 사이좋게 놀았습니다.

선생님들이 그러한 행동이 다시 일어나지 않도록 관찰하고 있으며, 저희는 다른 아이들도 유사한 문제를 겪지 않도록 주의를 기울이겠습니다. 부모님이 무엇인가를 관찰하시면 언제든지 주저하지 마시고 저희에게 알려 주십시오.

중학교 당국자의 효과적인 대응은 다음과 같다.

그저께 조엘과 하킴 사이에서 일어난 사건에 대해 전화 주셔서 고맙습니다. 우리는 그 아이들 사이에 갈등이 있었는지를 모르고 있었습니다. 아이들 문제의 이유를 알 수 있게 되어 기쁩니다. 그러나 그 사건이 처음인지는 명확하지 않네요.

무엇보다도 먼저 하킴은 우리가 조엘에게 그 문제에 대해 말하는 것을 원하지 않았고, 그것이 우리의 대응을 늦도록 하였습니다. 우리는 하킴에게 학교 상담자인 호간 선생님과 그 문제에 대해 할 수 있는 가장 최선의 방법에 관하여 대화를 하도록 하였고, 하킴과 호간 선생님은 하킴이 더 나은 방법이라고 생각하는 것에 대해 계획을 세우고 그것을 실행하고 있습니다.

호간 선생님은 하킴의 이야기만을 들었기 때문에 우리는 호간 선생님이 조엘과도 만나서 이야기를 하도록 하였습니다. 조엘은 처음에는 어떤 학교폭력 행동도 하지 않았다고 부정하였습니다만 나중에 부모님이 우리에게 이야기해 준 것 중의 몇 가지를 했다고 인정하였습니다. 조엘은 또한 부가적인 정보도 제공하였는데, 하킴 역시 처음에 조엘을 괴롭혔다는 것이었습니다. 이는 나중에 호간 선생님이 하킴에게 확인하였는데, 하킴은 자기방어로 그랬다고 하였습니다.

여기까지가 우리가 알고 있는 사항입니다. 조엘과 하킴은 각각 호간 선생님과 만났고, 이는 절차에 따른 것입니다. 그것은 정당한 놀이 계획(fair play plan)이라고 불리는데, 학기 초에 학생들 집으로 보내진 부모 지침서를 보면 찾으실 수 있을 겁니다. 그 계획에 따라 조엘은 호간 선생님과 학교에서의 그의 행동을 검토할 것이며, 하킴 이외에도 관계 개선이 필요한 부분이 있는지를 살펴볼 것입니다. 호간 선생님은 하킴과도 만나서 그의 상태를 파악하고, 그 사건에 관해 공유하고 싶은 여타 문제에 대해서 논의할 것입니다. 나중에 조엘과 하킴은 호간 선생님 방에서 서로 만나 하킴은 그 사건이 그에게 어떤 영향을 미쳤는지를 조엘에게 말할 것이고, 조엘은 하킴에게 사과할 것입니다. 그들은 향후에 그러한 사건이 일어나지 않게 할 계획에 함께 동참할 것입니다. 조엘은 하킴에게 한 행동 때문에 교칙에 따른 처벌을 받을 것입니다만 그것은 호간 선생님과의 일과는 무관합니다. 하킴은 처벌받지는 않지만 우리는 하킴에게 방어를 위해 뒤에서 때리는 일이 항상 용서되는 것은 아님에 대해 경고할 것이며, 만일 방어할 일이 있을 때는 가장 가까이에 있는 선생님에게 도움을 얻을 수 있을 것임이 공지될 것입니다. 호간 선생님과 아이들은 조엘이 자신의 화를 다스리는 방법을 찾고, 하킴이 뒤에서 공격하지 않고 학교폭력을 막는 방법을 알 수 있도록 노력할 것입니다.

우리는 부모님이 이 문제를 우리에게 알려 주어 고맙고, 이 문제를 해결할 수 있으며, 이후에 더 잘 방지하도록 감시할 수 있게 되어 기쁩니다. 그리고 부모님이 이 문제를 알려 학교가 모두에게 더 좋은 교육의 장소가 될 수 있도록 해 주셔서 기쁩니다.

혹시 질문이 있으시면 주저하지 마시고 연락 주십시오.

이러한 두 시나리오에서 공유되어야 할 정보의 양은 아이들의 프라이버시를 보호하기 위해 줄여지고 있음을 인식해야 한다. 부가적으로 관련 당국자는 방어적이 아니며, 그들은 초기 보고에 대응하여 무엇을 해야 하는지를 잘 알고 있다. 그들은 학부모 편에서의 향후의 접촉을 위해 문을 열어 놓고 있다. 그러한 비방어적 대응은 모두가 즉각적으로 문제에 대한 해결책이 있는 것처럼 느끼는 데 도움을 준다.

정당한 기대 6: 정당한 기대 1을 잊지 말자—모든 학교폭력이 근절되거나 방지될 수 없다

학부모는 우리 교육전문가가 자신의 아이를 위해 좋은 결과를 가져오도록 노력한다는 것을 알면 아이들을 풍선에 넣거나 우리가 24시간 동안 아이들을 따라다니거나 하지 않는 한 변하지 않는 진실이 있음을 알게 될 것이다. 그것은 모든 최선의 개입과 노력에도 불구하고 생각지 못한 장면에서 학교폭력이 일어날 수 있다는 것이다. 학부모가 학교 직원이 많은 책임을 지고 있음을 기억하는 것이 중요하다. 학부모의 관심은 오직 한 아이에게만 집중되지만 학교 당국 직원은 모든 아이들에게 그러한 관심을 둘 수가 없다.

하지만 감독 직원에 의한 학교폭력이나 놀림 금지의 노력이 비효율적으로 보일 때, 학부모는 '이 사람들 문제 있네. 내 아이에게 신경 쓰지 않는 거야. 그들은 결코 아무것도 하지 않아.'의 모드로 진입해 버린다. 학부모가 자신의 아이에 대한 적절한 보호를 맡은 사람들이 그들의 역할을 잘하지 못한다고 생각할 때 화가 나는 것은 자연스러운 일이다. 화난 부모는 게으르다고 생각되는 교사를 다그치거나 아이들을 감싸고 돌지만, 교사는 그러한 반응이 과잉이고 과보호임을 잘 알고 있다. 지금 눈에 불을 켠 사람들과 일하려면 그들을 화나게 한 문제가 무엇이든 간에 그들과 함께 일해야 한다.

학부모는 아이들을 향한 부정적 행위의 지속과 재현에 대해 질문을 가질 권리가 있다. 최근에 막 일어난 사건이었는가 아니면 그 이전에 있었던 사건의 지속인가? 학교폭력은 종종 가장 취약한 아이들을 따라다닌다. 그 사건이 자신의 아이에게만 발생한 것인가 아니면 다른 아이에게도 발생한 것인가? 때로 놀림과 학교폭력은 그룹 안에 있는 여러 아이들에 의해 행해지기도 한다. 과거에 학교폭력을 당해 본 아이는 다른 사람에게 향한 학교폭력에 대해 민감하고, 그러한 위협이 자신에게 향할 것을 염려한다. 괴롭히는 아이가 이전에 겁박을 한 그 아이인가 아니면 새로운 아이인가, 그리고 만일 새로운 아이라면 이전의 사건과 관련이 있는가? 때로 가해자는 학교폭력을 행하는 데 있어 만일 자신이 관찰되고 있고, 걸렸을 때 처벌이 무거운 경우에는 자신을 대신하여 친구로 하여금 학교폭력을 하도록 시킨다.

위의 질문에 대한 해답은 새로운 개입 전략이 수립되기 전에 필수적이다. 최근의 사건이 이전의 것과는 완전히 다른 별개라면 그것은 단지 누군가를 괴롭히는 임의의 사건이라고 간주할 수 있다. 만일 최근의 사건이 이전에 발생한 학교폭력과 연계되어 있다면 그것은 초기 개입이 비효율적이었다는 것을 의미한다. 우리가 좋아하든 아니든 간에 우리 당국자와 교사들이 취했던 조치가 작동하는가를 조사할 필요가 있다.

초기 개입 뒤에 학부모에 의한 요청은 여러 다른 기대에 의해 맞추어질 필요가 있고, 그것이 일회적인 학교폭력이 아니고 지속적인 것이라면 특히 그러하다. 궁극적으로 학부모는 아이들을 보호하기 위해 그들이 할 수 있는 모든 일을 할 권리가 있다. 때로 학부모의 권리에는 안전하지 않은 학교에 아이를 보내지 않을 권리도 포함된다. 학부모의 권리에는 학교폭력을 행하는 아이를 학교에서 격리하는 법적 조치를 취할 수 있는 권리도 포함된다. 그러나 그 아이들은 명령을 거스르기 일쑤고, 그것을 강제하기가 어렵다. 자신이 관할하는 공사립 학교의 아이들을 보호할 의무를 게을리한 당국자에게 책임을 지게 하는 것도 학부모의 권리다. 나는 이러한 권리를 행사한 학부모를 많이 보아 왔다. 아이들을 맡은 교사가 그들이 예방하거나 멈출 수 없는 아이들 사이의 부정적인 행위에 대한 책임까지 져야 하는 것은 아니다. 그러나 교사에게는 그들이 그러한 학교폭력 행위를 인지하였을 때 거기에 대한 효과적인 조치를 취해야 할 책임과 의무가 있다. 일례로 노스캐롤라이나 지역의 학교 이사회에 있던 한 엄마는 자신의 아이에 대한 끊임없는 학교폭력을 근절시키지 못하는 학교 교사의 무능함에 항의하며 자신의 이사직을 내던져 버렸다[Local Woman(지역 여인), 2004]. 워싱턴 주 교구 학교에서는 학부모가 '자신에 대한 반복된 공격과 학교폭력을 수행한 친구들에게서 자신을 방어할 수 없었던' 14세 소년을 대신하여 소송을 제기하였다(Turnbull, 2004). 코네티컷의 한 부모는 '벽에 기대어 옷 벗김을 당하고, 매를 맞는 학교폭력을 당한' 자신의 10세 된 아들을 대신하여 공립학교를 고소하였다[Hamden Parents Sue(햄던 부모의 소송), 2004]. 앞서 언급한 사례는 모두 학부모가 너무나 화가 나고 절망적이어서 큰 어려움을 감수하면서 선택한 것이다. 아이들은 친구들을 떠나고 싶어 하지 않는다. 아이들은 문제에서 도망치는 것을 친구들에게 보이고 싶어 하지 않는다. 아이들의 나이와 학교폭력의 정도에 따른 격리나 벌금 등의 법적 제제는 아이들에게 엄청난 굴욕으로 인식될 것이다.

기본적인 것은 결코 변하지 않는다. 결국 교사는 그들이 아이들에게 최선이라고 믿는 것을 수행해야 한다. 학부모는 아이들의 세계에서 자신의 행동이 무엇을 의미하는지를 이해하는 데 도움이 필요하다. 학부모는 아이들이 위협을 받을 때 물불을 안 가리고 급해지는데, 이때 자신이 아이들에게 해 줄 수 있는 최선이 무엇인지를 알려고 노력할 필요가 있다.

제11장
행동하기 위한 용기

제11장 행동하기 위한 용기

현대 상담의 기초를 세운 알프레트 아들러(Alfred Adler)는 매일의 삶 속에서 우리가 부딪히는 가장 어려운 도전은 우리의 신념을 바탕으로 행동하는 용기를 내는 것이라고 믿었다(Mosak & Maniacci, 2008). 과연 그의 생각이 옳은가? 학교 내에서 학교폭력과 싸우기 위해 우리가 해야만 하는 일을 수행하는 것은 용기를 필요로 한다. 이러한 도전에서의 핵심적인 요소는 학부모를 초청하고 파트너십을 형성하여 함께 학교폭력과 놀림을 방지해 보고자 하는, 이전에는 무시되었던 영역에 기꺼이 모험해 보고자 하는 용기다.

이러한 노력은 우리가 두려워하는 만큼 그렇게 어려운 것은 아니다. 종종 우리가 학부모에게 도움을 제공할 때 학부모는 우리가 상상하는 것 이상으로 그러한 도움을 받는 데 열려 있음이 발견된다. 우리 학교 내 문화의 단점 중 하나는 교사가 할 일이 너무 많아 학부모와 만나서 회의하는 것이 낙타 등 위의 많은 짐 중에 있는 하나의 지푸라기처럼 여겨진다는 것이다. "나는 도저히 그것을 할 시간이 없어요."가 학교 내에서의 교사의 공통적인 한탄이며, 이는 사실이다. 실제로 교사가 그들의 일을 집에 가져가고 자신의 개인적인 일을 희생하지 않는다면 학교에서 이루어지는 일의 절반은 수행되지 않을 것이다.

그러나 학생의 공부와 어려움에 관한 문제로 학부모와 회의하는 것은 오로지 학교 일과 시간에만 수행될 수 있다. 좀 더 구체적으로 살펴보면 학교폭력 문제로 인해 교사-학부모 모임을 가지는 것은 교사의 주요 의무인데, 학교폭력을 행하는 아이들의 경우나 당하는 아이들의 경우나 모두 마찬가지다. 이미 언급한 것처럼 교사와 학부모가 학교폭력 문제를 무시해 왔던 것이 너무 오래되었기 때문에 또래에게 학교폭력을 당하는 것이 청소년기에서 성인기로 이동하는 데 예비적인 정상적 발달 단계인 것처럼 인식되어왔다.

용기는 때로 과거의 실수를 시인하는 것을 포함한다. 이 책을 읽고 자신이 학교폭력 사건에 대해 미적지근하게 대응하였던 것을 발견한다면 그것을 시인하는 용기가 학교폭력에 대해 효과적으로 대응하여 새로운 해결책을 세울 수 있는 단초가 될 것이다. 과거에 그렇게 학교폭력을 무시할 수 있었던 근거가 무엇이었든지 간에 그것은 단지 과거일 뿐이다. 나는 워크숍이나 세미나에서 자신이 학교에서의 위협에 효과적으로 대응하지 않았으며, 그때 그들이 대응했어야만 했음을 인정하는 많은 전문가를 만났다. 그에 대한 나의 반응은 한결같다. "잘못을 인정하는 것은 더 나아지기 위해 무엇이 필요한가를 알기 위한 첫 단계입니다. 우리 모두는 실수를 합니다. 그 과정을 바꾸는 데는 용기가 필요합니다."

나는 이러한 지원적인 말이 교사, 상담가, 사회적 근로자, 행정가가 그들이 이전에 해 왔던 것과는 다르게 행동하도록 격려하기를 기대하며, 그러한 말이 그들이 학교폭력에 관한 회의에서 학부모에게 해 줄 수 있는 것이기를 희망한다.

학부모 역시 교사와 마찬가지로 아이들을 다룰 때 지지가 필요하다. 그리스의 철학자 필로(Philo)는 종종 다음과 같이 말하였다. "친절하라. 왜냐하면 네가 만나는 모두는 힘겹게 싸우는 중이기 때문이다." 그러한 지혜의 말은 학부모와 교사에게 공히 잘 기억될 수 있다. 학부모와 교사가 공히 '어려운 문제와 씨름하고 있다.'는 것을 기억하는 것은 필수적이다. 어떤 이들에게는 그러한 싸움이 작은 성가심(서류 작업, 차 시동이 안 걸려서 지각, 우유 쏟기 등)일지 모르지만, 어떤 이들에게는 믿을 수 없을 만큼 소모적인 것(만성병, 가난, 가정 내 폭력)이다. 교사와 학부모는 그들의 회합에 이러한 크고 작은 싸움을 동반하고 오는 것이다. 이에 학부모와 교사 모두에게 무엇인가 계획대로 되지 않는 것은 이상한 일이 아니다.

학부모와 아이들은 학교폭력에 개입하고 그것을 예방하고자 적극적으로 싸우는 사람들을 위해 무엇보다도 그들에게 진정한 감사의 마음을 가져야 한다. 조금 더 하고자 하는 당신의 의지는 당신이 규정이나 규제 때문에 하는 것 이상으로 학교폭력을 줄이고, 교육적 환경을 조성하는 도덕적으로 옳은 일이며, 우리가 교사에게 바라는 바로 그것이다. 우리의 행동은 항상 효과가 있다. 우리가 행동을 선택하느냐 하지 않느냐에 따라서 결과는 항상 달라진다. 사건 직후에는 그것이 분명하게 드러나지 않지만 시간은 우리가 선택한 것의 효과가 나타나도록 한다. 겁박을 무시하는 선택은 방관자로서 타인의 운명에 끼어들지 않겠다는 메시지다. 이에 아이들은 사람들이 자신만을 생각하며, 자신이 학교폭력을 당할 때 아무도 자신에게 오지 않는다는 것을 배우게 된다. 우리가 또래 간의 학교폭력에 대해 도전장을 내민 것은 우리는 그러한 행동을 용납하지 않으며, 그것이 학교 내에서 허용되지 않을 것이라는 메시지를 보내는 것이다. 우리가 학부모를 그러한 문제해결에 참여시킬 때 아이들은 자신을 돌보는 사람들이 훨씬 더 많음을 알게 된다. 그것은 더불어 살아가는 데 필요한 역할 모델로서 충분하다.

교사를 위한 용기는 이전에는 눈치만 보던 동료와 학부모를 참여시키고 무엇인가 행동하도록 조치를 취하는 식으로 발현된다. 그것은 이 책이나 다른 책에서 제시된 생각을 실행함으로써 시작된다. 생각과 개념을 받아들여서 당신의 것으로 만들라. 중요한 내용을 적어 보고 당신의 목소리로 읽어 보라. 당신은 전문가다. 당신에게 필요한 것은 행동하기 위한 용기다.

271

참고문헌

American Academy of Pediatrics. (n.d.). *Understanding the impact of media on children and teens.* Retrieved November 22, 2006, from http://www.aap.org

Amstutz, L. (2000, Spring). Where to from here? *Conciliation Quarterly, 19,* 11.

Anderson, C., Gendler, G., Riestenberg, N., Anfang, C., Ellison, M., & Yates, B. (1998). *Restorative measures: Respecting everyone's ability to resolve problems.* St. Paul: Minnesota Department of Education (formerly Minnesota Department of Children, Families & Learning).

Associated Press. (2006, February 6). "Credible threat" closes Warroad schools. WCCO TV [Minneapolis, Minnesota]. Retrieved December 9, 2006, from http://wcco.com

Augsburger, D. (1992). *Conflict mediation across cultures: Pathways and patterns.* Louisville, KY: Westminster/John Knox.

Bandura, A., Ross, D., & Ross, S. (1961). Transmission of aggression through imitation of aggressive models. *Journal of Abnormal and Social Psychology, 63*, 575-582.

Bowers, L., Smith, P., & Binney, V. (1992). Cohesion and power in the families of children involved in bully/victim problems at school. *Journal of Family Therapy, 14*, 371-387.

Bowers, L., Smith, P., & Binney, V. (1994). Perceived family relationships of bullies, victims and bully/victims in middle childhood. *Journal of Social and Personal Relationships, 11*, 215-232.

Carney, A., & Merrell, K. (2001). Bullying in schools. *School Psychology International, 22*, 364-382.

Centerwall, B. (1992). Television and violence: The scale of the problem and where to go from here. *Journal of the American Medical Association (JAMA), 267*, 3059-3063.

Corsini, J., & Wedding, D. (2008). *Current psychotherapies* (8th ed.). Belmont, CA: Thomson Brooks/Cole.

Craig, W., Henderson, K., & Murphy, J. (2000). Prospective teacher's attitudes toward bullying and victimization. *School Psychology International, 21*, 5-21.

Cronkleton, R. (2005, August 12). Taunted teen wins federal suit. *Kansas City* [Missouri] *Star.* Retrieved August 13, 2005, from http://www.kansascity.com

Dana, D. (2001). *Conflict resolution.* New York: McGraw Hill.

Dawson, D. (2006, July 31). Girls take school to court, saying it ignored bullying. *ABC News* [US]. Retrieved December 2, 2006, from http://abcnews.go.com

DeVoe, J., & Kaffenberger, S. (2005). *Student reports of bullying: Results from the 2001 school crime supplement to the national crime victimization survey* (NCES 2005-310). Report of the U.S. Department of Education, National Center for Education Statistics. Washington, DC: U.S. Government Printing Office.

Drew, N. (2002). *Six steps for resolving conflicts.* Retrieved November 26, 2006, from http://www.learningpeace.com

Eron, L., Huesmann, L., & Zelli, A. (1991). The role of parental variables in the learning of aggression. In D. Pepler & K. Rubin (Eds.), *The development and treatment of childhood aggression* (pp. 169-188). Hillsdale, NJ: Erlbaum.

Family Educational Rights and Privacy Act of 1974 (FERPA), Pub. L. No. 93-380, (20 USC § 1232g; 34 CFR Part 99).

Fisher, R., Ury, W., & Patton, B. (1991). *Getting to yes: Negotiating agreement without giving in* (2nd ed.). New York: Penguin.

Fultz, V. (2006, February 9). Schools locked down after scare: Officials issue code red alert for entire school system. *Suwanee* [Suwanee County, Florida] *Democrat.* Retrieved December 9, 2006, from http://www.suwanneedemocrat.com

Gerzon, M. (2006). *Leading through conflict: How successful leaders transform differences into opportunities.* Boston: Harvard Business School Press.

Hamden parents sue school over bullying. (2004, April 24). WTNH.com [New Haven, Connecticut]. Retrieved April 26, 2004, from http://www.wtnh.com

Hurst, M. (2004, November 17). Researchers target impact of television violence: Helping children divide TV fantasy from reality becomes a top priority. *Education Week, 24,* 8.

Imrite, R. (2006, September 17). Accused teen's mom says he was bullied at school. *Press Gazette* [Green Bay, Wisconsin]. Retrieved December 11, 2006, from http://www.greenbaypressgazette.com

Integrated Curriculum for Achieving Necessary Skills (ICANS). (n.d.). *Steps to resolving conflict with others.* Retrieved November 26, 2006, from http://www.literacynet.org

Johnson, K. (2006, April 23). Students had hit list, mayor says. *USA Today.* Retrieved April 24, 2006, from http://www.usatoday.com

Kabel, M. (2006, April 21). School death plot revealed. *Kansas City* [Missouri] *Star.* Retrieved April 24, 2006, from http://www.kansascity.com

Kaiser Family Foundation. (2003, October 28). *New study finds children age zero to six spend as much time with TV, computers, and video games as playing outside.* Kaiser Family Foundation Press Release. Retrieved November 22, 2006, from http://www.kff.org

Kaiser Family Foundation. (2005, September). *The effects of electronic media on children ages zero to six: A history of research.* Retrieved November 22, 2006, from http://www.kff.org

Kressel, K. (2006). Mediation revisited. In M. Deutsch, P. Coleman, & E. Marcus (Eds.), *Handbook of conflict resolution* (2nd ed., pp. 726-756). San Francisco: Jossey-Bass.

Limber, S., & Snyder, M. (2006). What works—and doesn't work—in bullying prevention and intervention. *State Education Standard, 7,* 24-28.

Local woman wants bullying issue to hit general assembly: Former school board member seeks better definition, enforcement of bullying. (2004, April 22). WRAL-TV [Raleigh, North Carolina]. Retrieved May

10, 2004, from http://www.wral.com

McEwan, E. K. (2005). *How to deal with parents who are angry, troubled, afraid, or just plain crazy* (2nd ed.). Thousand Oaks, CA: Corwin Press.

Media Awareness Network. (n.d.). *Research on the effects of media violence.* Retrieved November 11, 2006, from http://www.media-awareness.ca

Mediation Works. (n.d.). *7 steps to resolving conflict.* Retrieved from http://www.mediationworks.org

Meryhew, R., Burcum, J., & Schmickle, S. (2003, September 26). Cold Spring school shooting: Horror hit in seconds. [Minneapolis, Minnesota] *Star Tribune.* Retrieved December 2, 2006, from http://www.startribune.com

Meryhew, R., Haga, C., Padilla, H., & Oakes, L. (2005, March 21). Rampage at Red Lake High School: 10 dead, 12 wounded. [Minneapolis, Minnesota] *Star Tribune.* Retrieved December 2, 2006, from http://www.startribune.com

Moore, C. (2003). *The mediation process: Practical strategies for resolving conflict* (3rd ed.). San Francisco: Jossey-Bass.

Morley, M. (2006, November 28). *Violent video games leave teenagers emotionally aroused.* Radiological Society of North America. Retrieved November 29, 2006, from http://www2.rsna.org

Morris, W., & Morris, M. (1988). *The Morris dictionary of word and phrase origins.* New York: HarperCollins. (Original work published in 1977)

Mosak, H., & Maniacci, M. (2008). Adlerian psychotherapy. In R. Corsini & D. Wedding (Eds.), *Current psychotherapies* (8th ed., pp. 63-106).

Belmont, CA: Thomson Brooks/Cole.

Nansel, T., Overpeck, M., Pilla, R., Ruan, W., Simons-Morton, B., & Scheidt, P. (2001). Bullying behaviors among US youth: Prevalence and association with psychological adjustment. *Journal of the American Medical Association (JAMA), 285,* 2094-2100.

National School Boards Association. (2005, September). *Greenwich Public Schools settles bullying lawsuit.* Retrieved December 2, 2006, from http://www.nsba.org

Newman, K., Fox, C., Harding, D., Mehta, J., & Roth, W. (2004). *Rampage: The social roots of school shootings.* New York: Basic Books.

Newsome, B. (2005, November 19). Students suspended over website. *Gazette* [Colorado Springs, Colorado]. Retrieved November 19, 2005, from http://www.gazette.com

No Child Left Behind Act of 2001, Pub. L. No. 107-110, 115 Stat. 1425 (2002).

Office of Human Resource Development, Office of Human Resources, University of Wisconsin-Madison. (n.d.). *8 steps for conflict resolution.* Retrieved November 26, 2006, from http://www.ohrd.wisc.edu

Ohio Literacy Resource Center. (n.d.). *Working with difficult people.* Retrieved November 26, 2006, from http://literacy.kent.edu

Olweus, D. (1993). *Bullying at school.* Malden, MA: Blackwell.

Perlmutter, T. (1994). Parenting in the television age. *Child & Family Canada.* Retrieved November 22, 2006, from http://www.cfc-efc.ca

Phrase Finder Discussion Forum. (2000, October 5). *Re: Sticks and stones.* Retrieved February 12, 2006, from http://www.phrases.org.uk

Pippin, M. (2006, November 17). Middle school bullies and their victims. *Joplin* [Missouri] *Daily*. Retrieved December 9, 2006, from http://joplindaily.com

Ragsdale, J. (2006, January 31). 39 knew of Red Lake killer's plan: Family members say federal officials told them that Weise had discussed school shootings since 2003. *St. Paul Pioneer Press*. Retrieved December 2, 2006, from http://calbears.findarticles.com

Reinberg, S. (2006, November 28). Video game violence goes straight to kids' heads. *Washington Post*. Retrieved November 29, 2006, from http://www.washingtonpost.com

Rigby, K. (1993). School children's perceptions of their families and parents as a function of peer relations. *Journal of Genetic Psychology, 154*, 501–513.

Rigby, K. (1994). Psychosocial functioning in families of Australian adolescent schoolchildren involved in bully/victim problems. *Journal of Family Therapy, 16*, 173–187.

Rispoli, M. (2006, November 14). Court ponders bullying bias. [Cherry Hill, New Jersey] *Courier Post*. Retrieved November 19, 2006, from http://www.courierpostonline.com

Roberts, W. B., Jr. (2006). *Bullying from both sides*. Thousand Oaks, CA: Corwin Press.

Rose, L., & Gallup, A. (2006). *The 38th annual Phi Delta Kappa/Gallup Poll of the public's attitudes toward public schools*. Retrieved September 30, 2006, from http://www.pdkmembers.org

Sander, L. (2006, September 30). Wisconsin principal is shot, killed in struggle with teen. [Minneapolis, Minnesota] *Star Tribune*, p. A4.

Schultz, M. (2004, October 25). Parents use courts to battle bullies: Families take legal action to protect children as schools step up preventive programs. *Detroit* [Michigan] *News*. Retrieved April 2, 2005, from http://www.detnews.com

Schwartz, D., Dodge, K., Pettit, G., & Bates, J. (1997). The early socialization of aggressive victims of bullying. *Child Development, 68*, 665–675.

Seaberg, M., & Sclafani, T. (2006, February 3). Meet Jaba the nut: Driver hit for "Star Wars" fight club on school bus. *New York Daily News*. Retrieved December 9, 2006, from http://nydailynews.com

Smith, P., & Myron–Wilson, R. (1998). Parenting and school bullying. *Clinical Child Psychology and Psychiatry, 3*, 405–417.

Stern, S., & Azar, S. (1998). Integrating cognitive strategies into behavioral treatment for abusive parents and families with aggressive adolescents. *Clinical Child Psychology and Psychiatry, 3*, 387–403.

Titelman, G. Y. (1996). *Random House dictionary of popular proverbs and sayings.* New York: Random House.

Turnbull, L. (2004). Kent family files lawsuit over bullying at school. *Seattle* [Washington] *Times*. Retrieved May 9, 2004, from http://seattletimes.nwsource.com

USA PATRIOT Act of 2001, Pub. L. No. 107–56, 115 Stat. 272 (2001).

U.S. Department of Education, National Center for Education Statistics. (2005). *The condition of education 2005* (NCES 2005–094). Washington, DC: U.S. Government Printing Office. Retrieved November 22, 2006, from http://nces.ed.gov

U.S. Department of Education, National Center for Education Statistics. (2006). *The condition of education 2006* (NCES 2006–071). Washington, DC: U.S. Government Printing Office.

U.S. Office of the Surgeon General. (2001). *Youth violence: A report of the Surgeon General.* Retrieved November 11, 2006, from http://www.surgeongeneral.gov

Williams, T. M. (1986). *The impact of television: A natural experiment with three communities.* New York: Academic Press.

찾아보기

인 명

내 용

■ 저자 소개

Walter B. Roberts

미국 미네소타 주립대학교의 교육상담 교수다. 그는 1978년에 교사로 그
의 교육 경력을 시작하였으며, 1993년에 대학교로 옮기기 전까지 학교 상
담자로 근무하였다. 치료사 자격증을 취득하여 정신 건강 및 학교 안전 문
제에 대한 폭넓은 정책 경험을 가지고 있고, 입법가 혹은 법조계에 상담과
조언을 제공하고 있으며, 방송에서 상담 관련 이슈를 다루고 있다. 그의
첫 책인 『학교폭력과 관련된 양측(*Bullying From Both Sides*)』이 2006년
에 코인 출판사에서 간행되었는데, 이 책은 베스트셀러가 되었다. 워크숍
과 강연, 자문에 대한 요청은 walter.roberts@mnsu.edu로 가능하다. 그
에게 오는 이메일이 많기 때문에 이메일 앞부분에 '학교폭력 문의'라고
특별히 표시하기 바란다.

■ 역자 소개

손진희(Son Jinhee)

〈약력〉
서울대학교 교육학과 석사 · 박사(교육상담 전공)
서울대학교 학생생활연구소 상담연구원
서울특별시청소년종합상담실 팀장
서강대학교 학생생활상담연구소 전임상담원
한국상담심리학회 상담심리사 1급
현 한국상담학회 아동청소년상담학회 수련감독급 전문 상담사
　　한국상담심리학회, 한국기업상담학회, 한국진로교육학회 이사
　　한국에니어그램학회 상임이사
　　선문대학교 상담심리사회복지학과 교수

〈주요 저 · 역서〉
『한국형에니어그램 용어사전』(공저, 한국에니어그램교육연구소, 2014),
『상담 수퍼비전의 이론과 실제』(공저, 학지사, 2013), 『진로상담이론』(공
저, 학지사, 2010), 『청소년 따돌림 문제의 이해와 대처』(공저, 학지사,
2008), 『에니어그램 실제 가이드』(공역, 한국에니어그램교육연구소,
2013)

학부모와 함께 풀어 가는 학교폭력
-교사-학부모 협력 방법-

Working with parents of bullies and victims

2015년 4월 10일 1판 1쇄 인쇄
2015년 4월 20일 1판 1쇄 발행

지은이 • Walter B. Roberts
옮긴이 • 손진희
펴낸이 • 김진환
펴낸곳 • (주)학지사

121-838 서울특별시 마포구 양화로 15길 20 마인드월드빌딩
대표전화 • 02)330-5114   팩스 • 02)324-2345
등록번호 • 제313-2006-000265호

홈페이지 • http://www.hakjisa.co.kr
커뮤니티 • http://cafe.naver.com/hakjisa

ISBN 978-89-997-0666-0 93370

Korean translation copyright ⓒ 2015 by Hakjisa Publisher, Inc.

정가 13,000원

역자와의 협약으로 인지는 생략합니다.
파본은 구입처에서 교환해 드립니다.

인터넷 학술논문 원문 서비스 **뉴논문** www.newnonmun.com

이 도서의 국립중앙도서관 출판시도서목록(CIP)은 서지정보유통지
원시스템 홈페이지(http://seoji.nl.go.kr)와 국가자료공동목록시스템
(http://www.nl.go.kr/kolisnet)에서 이용하실 수 있습니다.
(CIP제어번호: CIP2015008619)